SOUVENIRS

DE

VAUGIRARD

MON JOURNAL

Pendant le Siège et pendant la Commune

1870-1871

PAR LE

R. P. ÉDOUARD PRAMPAIN

DE LA COMPAGNIE DE JÉSUS

PARIS

SOCIÉTÉ ANONYME DE PUBLICATIONS PÉRIODIQUES
13, QUAI VOLTAIRE, 13

MDCCCLXXXVII

1 volume
Souvenirs
de
Vaugirard
ya Mouton
mar... ...
Eberber

SOUVENIRS DE VAUGIRARD

1870-1871

Il a été tiré de cet ouvrage 250 exemplaires tous numérotés.

N°

SOUVENIRS
DE
VAUGIRARD

MON JOURNAL

Pendant le Siège et pendant la Commune

1870-1871

PAR LE

R. P. ÉDOUARD PRAMPAIN

DE LA COMPAGNIE DE JÉSUS

PARIS
SOCIÉTÉ ANONYME DE PUBLICATIONS PÉRIODIQUES
13, QUAI VOLTAIRE, 13

MDCCCLXXXVII

AUX

ANCIENS ÉLÈVES

DE

VAUGIRARD

Quelques-uns d'entre vous, chers amis, feuilletaient naguère le journal où je recueillis, pendant le siège et pendant la Commune, l'histoire du collège de Vaugirard. Ils y trouvèrent plus d'un touchant souvenir qu'ils voulurent sauver de l'oubli. Une souscription s'ouvrit; vous l'avez couverte. Je confie à votre amitié ces notes intimes — qui n'ont pas la prétention d'être un livre.

E. P.

Paris, 5 juin 1887.

TABLE

AVANT-PROPOS.............................. 1

PREMIÈRE PARTIE

LE SIÈGE

CHAPITRE PREMIER

L'ENNEMI!............................... 3

CHAPITRE II

VAUGIRARD CASERNE...................... 15

CHAPITRE III

PREMIERS COMBATS...................... 21

CHAPITRE IV
VAUGIRARD AMBULANCE. 31

CHAPITRE V
RENTRÉE DES CLASSES. 45

CHAPITRE VI
A LA RATION. 55

CHAPITRE VII
« EXTRA MUROS ». 65

CHAPITRE VIII
DÉCEMBRE 73

CHAPITRE IX
SOUS LES OBUS 83

CHAPITRE X
CAPITULATION. 93

TABLE DES MATIÈRES

DEUXIÈME PARTIE

LA COMMUNE

CHAPITRE PREMIER

LA RENTRÉE DU 14 MARS 1871   97

CHAPITRE II

AUX MOULINEAUX.   110

CHAPITRE III

BATAILLE DU 3 AVRIL   117

CHAPITRE IV

L'EXODE.   129

CHAPITRE V

RUE DES URSULINES, N° 8, SAINT-GERMAIN   137

CHAPITRE VI
INSTALLATION ET SÉJOUR 149

CHAPITRE VII
VAUGIRARD APRÈS LA COMMUNE 155

CHAPITRE VIII
VAUGIRARD RENTRE DANS SES MEUBLES 165

POST-SCRIPTUM
« VALE ET FLOREAS » 173

APPENDICE
CATALOGUE DES ÉLÈVES EN 1870-1871. 175

LISTE DES SOUSCRIPTEURS

INDEX

AVANT-PROPOS

Pour mieux comprendre les récits qui vont suivre, il ne sera pas inutile de rappeler un instant à nos mémoires l'aspect du collège de Vaugirard vers la fin de juillet 1870. Nous touchons à la période de transformation. Ce n'est pas encore le vaste établissement d'aujourd'hui avec sa blanche chapelle, son parloir grandiose, son entrée monumentale; ce n'est déjà plus la maison de l'abbé Poiloup, le Vaugirard d'autrefois tel que l'ont connu les anciens.

Certes, le vieux collège est resté debout;—on s'est bien gardé de toucher au berceau. Rajeuni par le badigeon qui vient d'effacer les traces de l'incendie de janvier[1]*, il se dresse plus riant que jamais entre le vallon tout fleuri et la terrasse bien connue où défilèrent tant de rangs silencieux. Mais il n'abrite plus seul la famille augmentée.*

La tendance est à bâtir. Déjà, l'année 1866 avait vu l'achèvement de la Grande salle et du Dessin; l'année 1869 a vu la construction d'une aile entière.

Ce nouveau corps de logis terminé depuis neuf mois à peine s'élève au fond de la cour de troisième division, en bordure sur la rue Lacretelle. Les élèves, moins frappés, je crois, de l'élégance de ses proportions que du nom de son architecte, l'ont appelé le bâtiment Joly. Jolie ou non la maison est commode. Au rez-de-chaussée, se suivent, de plain-pied, l'étude et les classes de la troisième division. Au premier, celles de la seconde, dont l'ancienne étude est devenue les Colles et le corridor qui longent la Petite grande salle. De spacieux dortoirs occupent tout le second. Quant aux deux étages supérieurs, d'où le regard découvre au loin, comme dans un panorama, l'éperon de Bagneux,

---

[1]. *Le samedi, 23 janvier 1870, de six heures à dix heures du soir, un violent incendie consuma la lingerie des élèves, qui occupait alors un local de six fenêtres de façade, à droite et à gauche de l'horloge.*

les hauteurs de Châtillon, puis les collines boisées de Meudon et de Saint-Cloud, ils sont aménagés en infirmerie modèle: dortoirs avec chapelle contiguë, dix-huit chambres de malades, salle d'étude, pharmacie, salon de pansements et cabinet du docteur. C'est le superbe domaine où le Frère Scharff règne en maître[1].

Bientôt cependant, grâce au nombre toujours croissant des élèves, ce large bâtiment se trouva trop étroit. Au mois de mars 1870, les supérieurs décidèrent de bâtir, parallèlement aux nouvelles constructions, une aile orientale destinée aux parloirs et à la chapelle. Déjà les ouvriers creusaient les puits, jetaient les fondations... Les premiers bruits de guerre ont fait abandonner les travaux. Il reste un chantier désert qu'entoure une palissade suivant la façade occidentale du parloir actuel et se prolongeant, à angle droit, sur la rue de Vaugirard. L'aspect général n'est pas autrement modifié. La grille verte — celle qu'on voit

---

1. *Ces deux étages sont aujourd'hui transformés en dortoirs. En 1873, l'infirmerie fut installée plus près des parloirs, au-dessus de la chapelle, dans l'aile orientale. Elle y est encore actuellement, non plus, hélas, sous la direction de l'habile et excellent Frère Scharff, mais sous la direction non moins dévouée des sœurs de Saint-Joseph de Cluny.*

maintenant en face du grand portail, de l'autre côté de la rue élargie — n'a pas cessé d'être l'entrée principale. L'édifice gracieux du petit collège *ne domine pas encore les pentes étagées du parc. les* petites *divisions continuent d'habiter trois annexes : Saint-Stanislas, dont les pavillons s'adossent au mur de fond du nouveau jardin d'entrée; hors de l'enceinte, la maison Saint-Louis complètement isolée et la maison Saint-Joseph qu'un tunnel, passant sous la rue, fait communiquer avec le grand collège.*

Tout incomplète que soit cette esquisse, elle permettra, je l'espère, aux anciens de raviver leurs souvenirs; aux plus jeunes, de reconstituer, par l'imagination, le plan de Vaugirard pendant l'année terrible.

Désormais, nous connaissons la scène; voyons les événements qui vont s'y accomplir.

LE COLLÈGE DE VAUGIRARD

1875-1887

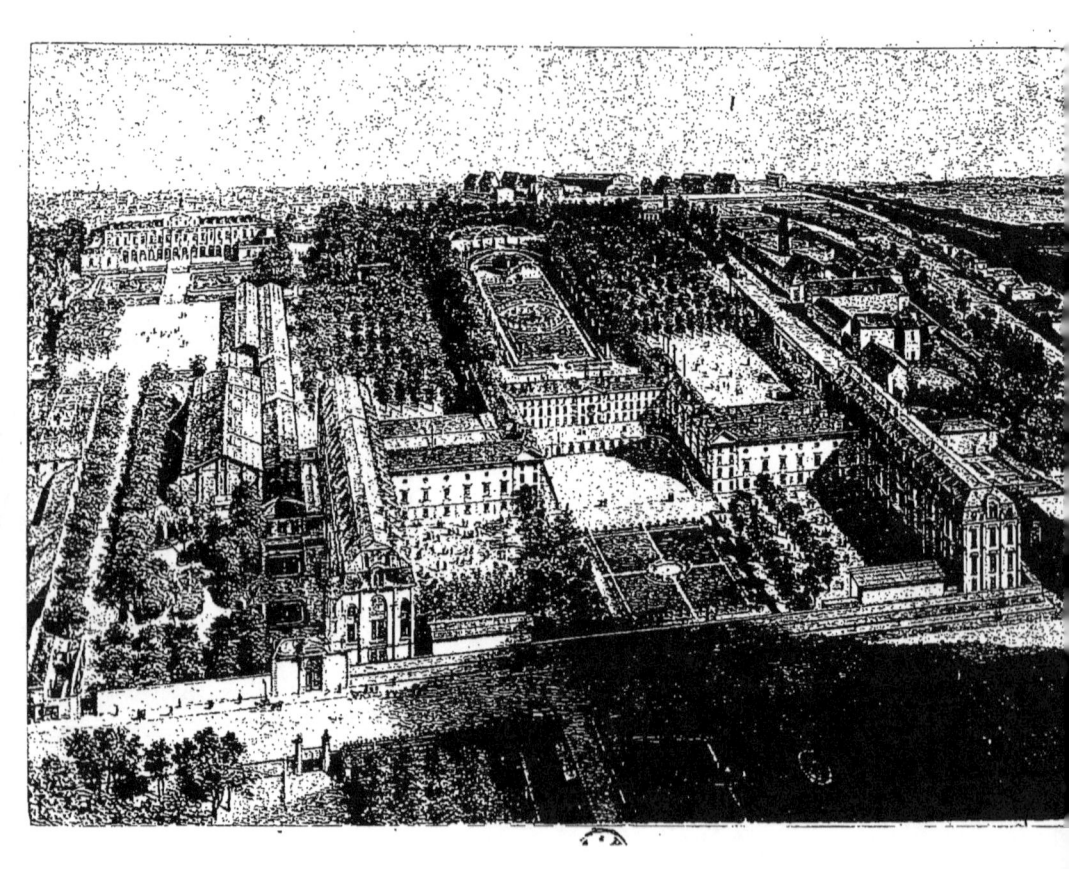

PREMIÈRE PARTIE

LE SIÈGE

SOUVENIRS DE VAUGIRARD

CHAPITRE PREMIER

L'ENNEMI !

La guerre était déclarée depuis quinze jours quand, le 1ᵉʳ août 1870, se fit au collège de Vaugirard la distribution solennelle des prix.

Malgré les troublantes préoccupations du moment, cette distribution ressembla à toutes les autres. Pourquoi frustrer tant de légitimes espérances, assombrir tant de triomphes mérités ? L'assemblée fut donc aussi brillante, le discours aussi long qu'à l'ordinaire. On décerna le même nombre de volumes au milieu des mêmes applaudissements et le Palmarès fixa au 4 octobre l'époque de la rentrée.

Plus d'un parmi nous, en entendant cette date, sentit un pressentiment cruel serrer son cœur. Mais les élèves partirent, comme on part à leur âge, joyeux du présent, insouciants de l'avenir. La France pouvait-elle n'être pas victorieuse et eux n'allaient-ils pas en vacances ?

Elles ne furent pas gaies pour les Pères de Vaugirard les vacances du moi d'août 1870 ! Vainement nous envoya-t-on, selon l'usage, habiter le séjour aimé des Moulineaux, promenades et délassements favoris d'autrefois nous paraissaient amers. Notre unique passion c'étaient les journaux, les nouvelles, et quelles nouvelles ! Des défaites sans précédent, des combats glorieux mais inutiles, des victoires imaginaires suivies de déceptions plus douloureuses que les défaites mêmes. C'est ainsi que nous apprîmes successivement les désastres de Reischoffen et de Forbach, l'occupation de Nancy, les combats de Borny et de Mars-la-Tour, la fantastique histoire des carrières de Jaumont. Enfin, l'annonce de la retraite annuelle termina cet énervant repos. Plus que jamais elle fut la bienvenue. Retremper son âme en Dieu, prier pour le pays, tel était alors le besoin de tous.

Cette consolation ne nous fut point accordée. La retraite, commencée le 23 août, ne s'acheva pas.

Dès le début, un je ne sais quoi de terrible et de poignant éloignait le calme en inquiétant l'esprit. Au milieu du silence, les bruits du dehors parvenaient à nos oreilles. On disait que l'armée du prince Fritz et du roi Guillaume approchait de la capitale à marches rapides, les hulans couraient la campagne entre Reims et Château-Thierry ; on disait qu'à l'arrivée des Allemands sous Paris répondrait un soulèvement dans Paris même.

Le dimanche 28 août, à cinq heures un quart du soir, la cloche avait réuni la communauté dans l'étude de première division, pour l'exercice ordinaire. Au lieu du Père Turquand, directeur de la retraite, le R. P. Recteur du collège, le Père Gravoueille, entra. Il tenait à la main une lettre ouverte. D'une voix émue il en donna lecture :

Devant l'imminence d'un siège, il fallait quitter Paris au plus vite. A chacun de nous le R. P. Provincial fixait un asile. Les uns seraient accueillis par nos maisons éloignées, d'autres par des familles amies. Quelques Pères resteraient à Vaugirard. J'étais du nombre.

Beaucoup nous firent le soir même de longs adieux. Le lendemain, arriva l'ordre de suspendre les départs ; les nouvelles devenaient moins mauvaises : l'ennemi, subitement arrêté dans sa marche sur Paris par les mouvements du maréchal de Mac-Mahon, se repliait vers l'Est. Une seule victoire pouvait tout changer. On croit aisément ce que l'on désire ; depuis huit jours renaissait l'espérance quand, le 3 septembre au soir, se répandit la nouvelle du désastre de Sedan, bientôt confirmée par l'annonce officielle de la captivité de l'empereur et de la capitulation d'une armée ! Espoir, fidélité, sang-froid, tout s'évanouit à ce coup. La Révolution trouvait son heure. Le 4 septembre, à trois heures, elle était maîtresse de Paris[1].

Il n'y avait plus à délibérer. Par prudence, on nous distribua des habits laïques depuis longtemps en réserve ; les Pères désignés pour partir hâtèrent leurs préparatifs. Le dernier nous quitta le 7 septembre au soir...

A Vaugirard, le R. P. Recteur, neuf Pères et une quinzaine de Frères coadjuteurs, restaient chargés des soins de l'ambulance et de l'administration du collège[2].

8 septembre.

Les Allemands victorieux marchent de nouveau sur Paris. Un siège paraît désormais inévitable ; on s'y prépare. En vertu d'un décret du général gouverneur organisant la défense, l'enceinte vient d'être divisée en neuf *secteurs* placés chacun sous l'autorité d'un officier supérieur de l'armée de terre ou de la marine.

---

1. J'écris l'histoire du collège de Vaugirard pendant le siège de Paris et non l'histoire du siège de Paris. Je n'ai donc point à raconter les événements politiques ou militaires qui ne se rattachent pas directement à mon sujet, encore moins à les juger. Telle sera, dans cet ouvrage, ma règle invariable.
2. C'étaient le R. P. Gravoueille, Recteur ; le P. Hériveau, Préfet des études ; les Pères A. Clerc, Martin, de Gabriac, Chabin, Broquet, de Plas, Legouis, Prampain. Parmi les Frères citons les noms bien connus des Frères Cousin, Geoffroy et Oswald.

A Vaugirard, le contre-amiral de Montaignac de Chauvence, commandant le 7ᵉ secteur, a établi son quartier général dans la gare du chemin de fer de ceinture. Ce sera pour nous un précieux voisinage.

Vers deux heures après-midi, est arrivé l'ordre d'évacuer sur le Val-de-Grâce les derniers blessés de Reischoffen reçus par notre ambulance, il y a trois semaines environ. Tous les lits doivent rester disponibles dans l'éventualité d'un combat sous les forts. On croit, au secteur, que l'attaque principale de l'ennemi portera sur le front sud, c'est-à-dire de notre côté. Dans ce cas, nous serons aux premières loges pour juger les coups et pour en recevoir. A la grâce de Dieu! Nous sommes tous très calmes, presque joyeux. Le danger présent, avec ses fortes émotions, n'est-il pas mille fois préférable à l'incertitude où nous vivions plongés?

Je me suis procuré un carnet-agenda; j'y noterai chaque soir les événements de la journée...

9 septembre.

Il se pose une question assez nouvelle. D'où nous viendront les premiers coups? Des ennemis, ou de la foule ameutée; du camp prussien, ou de la rue? J'avoue que la rue m'inquiète. Les plus malsaines passions fermentent et se traduisent par d'horribles propos. Hier un homme en blouse s'écriait, montrant le fusil qu'il venait de recevoir : « Ce n'est pas contre les Prussiens, c'est contre les *réac* qu'il me servira ! »

Autre mauvais symptôme : jusqu'ici, le pouvoir — le pouvoir civil du moins — n'appartient guère au général gouverneur. Il appartient à un comité, dit de sûreté publique, érigé sans mandat ; il appartient aux mairies, aux clubs de quartier surtout qui s'appuient sur les nouveaux bataillons démocratiques de la garde nationale imprudemment formés.

Entre tous ces clubs, celui de Vaugirard siégeant rue Lecourbe, salle Ragache, se distingue par sa violence. Naturellement, le collège est le grand objet de ses colères et l'autre soir un orateur, chaleureusement applaudi, a déposé la motion d'opérer à la « prétendue ambulance des Jésuites » une visite domiciliaire pour y saisir douze cents chassepots cachés dans les souterrains et les remettre au peuple. L'idée est inepte, elle fera son chemin.

11 septembre.

Nous l'avons reçue, cette fameuse visite !

Ce matin, vers onze heures, un élève dévoué qui assiste, en *reporter*, aux séances des clubs, est accouru m'avertir. Le Comité de sûreté publique a décidé les perquisitions. Sur sa requête, le maire de Vaugirard a sanctionné la mesure. Un bataillon de garde nationale suivra les délégués, on occupera le collège militairement et, de gré ou de force, on visitera la maison et *les souterrains*.

Toute visite domiciliaire est, en soi, peu récréative ; mais, quand un comité, fût-il de sûreté publique, prétend instrumenter dans vos caves escorté d'une centaine de patriotes, la chose devient insupportable.

Aussitôt prévenu, le R. P. Recteur se rend à l'état-major et proteste énergiquement...

L'amiral de Montaignac, soldat loyal et gentleman accompli, partageait entièrement notre opinion sur les visites domiciliaires ; mais que faire pour empêcher celle qui nous menaçait ? Il n'avait alors à sa disposition qu'un piquet de vingt-cinq douaniers. Un bataillon de garde nationale du 7e arrondissement est, il est vrai, de service aux bastions. Il occupe même, depuis la veille, la maison Saint-Joseph et la maison Saint-Louis. Mais lui faire prendre les armes jettera, aujourd'hui dimanche, l'émoi dans tout le quartier. Et si ce bruit de visite n'était qu'un bruit, quelle faute, quelle responsabilité !

Un avis officieux du maire trancha nos perplexités. Ce magistrat nous faisait prévenir par son secrétaire que l'établissement serait visité, dans l'après-midi, mais seulement par quatre délégués de la mairie, des clubs et du Comité.

A trois heures, en effet, se présentèrent les citoyens Gally, Jaillet, Cirode et Langevin formant cortège au lieutenant Combault, président de la commission d'enquête.

Depuis quelque temps déjà, le R. P. Recteur les attendait à la grille accompagné de trois Pères et d'un lieutenant de vaisseau chargé par l'amiral de contrôler la visite. Cet officier prit le premier la parole :

« Messieurs, dit-il, en tirant à moitié son sabre, j'ai mission de suivre vos démarches dans une ambulance placée sous les ordres et sous la protection de l'amiral commandant le secteur. Rapport sera fait de vos actes. Allez.

Et repoussant sa lame au fourreau, il engagea conversation avec les Pères sans plus s'occuper des visiteurs.

Cependant, le R. P. Recteur les promenait des caves aux combles. Il entrait dans les plus minutieux détails, leur montrant les cuisines, les réfectoires, les classes, leur indiquant les salles qui pouvaient encore être converties en ambulances. Les délégués écoutaient sans mot dire. Evidemment, ce n'était pas ainsi qu'ils entendaient visiter le collège. La fermeté du lieutenant les avait déconcertés tout d'abord, la froide politesse du Recteur les achevait. Toutefois, comme ils insistaient pour explorer le souterrain, on les conduisit au tunnel qui, du grand collège, mène à Saint-Joseph. Les dernières marches gravies, ils se trouvèrent nez à nez avec un groupe de gardes nationaux du 7e arrondissement qui les toisaient d'un air narquois. C'en était trop. Les délégués ont déclaré les perquisitions terminées. De retour au parloir, ils ont signé, d'assez bonne grâce, un procès-verbal attestant qu'ils n'avaient rien découvert de suspect et sont enfin partis en se déclarant satisfaits au nom de leurs frères du club de Vaugirard, salle Ragache.

12 septembre.

Les frères du club de Belleville, salle Favié, n'ont pas été, paraît-il, également satisfaits.

Dans la nuit, vers une heure du matin, la porte de ma chambre s'est ouverte brusquement :

« Levez-vous, disait la voix émue du Père Recteur, prenez vos habits laïques et descendez. On attaque la maison. »

Me jeter hors de mon lit, m'habiller fut l'affaire d'un moment. Cinq minutes après, j'arrivais à la grille du collège. J'y trouvai le Père Recteur et le Père Hériveau en *pékin*, comme nous disions alors.

La rue était pleine de clameurs, de clairons, de tambours battants. Une colonne descendue de Belleville venait de livrer un violent assaut à la clôture en planches du chantier abandonné. Sur plusieurs points la palissade avait cédé ; la porte, enfoncée, pendait à ses gonds. Mais l'énergique intervention des gardes nationaux du faubourg Saint-Germain, casernés à Saint-Joseph et à Saint-Louis, changeait alors l'attaque en déroute. Par bonheur, les gens de Belleville n'avaient pas d'armes de guerre. Leur résistance fut plus tumultueuse que redoutable. L'un d'eux, piqué au... *verso* par une baïonnette, se rendit en gémissant ; d'autres, cernés dans leur fuite, achevèrent la nuit au poste du secteur ; le reste s'éparpilla sans prolonger la lutte, mais en jurant de revenir.

Pour cette fois, du moins, nous sommes sauvés. A quoi pourtant la préservation du collège, de nos vies peut-être, a-t-elle tenu ? A la présence fortuite, au tour de garde, d'un bataillon de l'ordre. Et ils sont rares aujourd'hui ! Allons, Dieu nous protège.

Vers dix heures du matin, on nous a convoqués à la mairie pour formuler nos plaintes. Un adjoint faisant fonction de maire, trois conseillers municipaux, le commissaire de police du quartier, l'inévitable lieutenant Combault, quelques officiers et quelques gardes du bataillon qui nous a défendus... Les prisonniers paraissent.

A des regards furtivement échangés, on devine qu'ils découvrent des amis dans la place. Aussi la scène qui se passe alors vaut-elle une scène de haute comédie. Les accusés ne savent pas, ne comprennent pas ce qu'on leur reproche. Leurs intentions étaient pures, ils voulaient restituer à la république douze cents chassepots cachés dans les souterrains des Jésuites. Tout à coup les bourgeois du 7° les ont chargés, bousculés, malmenés... Si on ne les a pas compris, à qui la faute?

Là-dessus, riposte indignée des officiers, réquisitoire du commissaire, circonstances atténuantes plaidées par Combault, admonestation de l'adjoint, et finalement, mise en liberté des prisonniers reconnus coupables d'excès de zèle plutôt que de projets criminels.

« Ils ne venaient pourtant pas entendre la messe! » grommelait en sortant du tribunal le sergent qui avait arrêté le chef de la bande.

Pareille procédure est trop criante. D'ailleurs, les citoyens de Belleville ayant juré de revenir en nombre et en armes, la prudence exige qu'on réclame, en même temps, la force publique pour défendre nos biens et nos personnes, et l'autorité judiciaire pour défendre nos droits. Ce soir même, deux rapports circonstanciés ont été rédigés par le R. P. Recteur et remis l'un au comte de Kératry, préfet de police, l'autre au général Trochu, gouverneur de Paris. En attendant, nous avons mis sur pied nos domestiques et nous allons veiller.

Nous pouvons dormir tranquilles. A la nuit tombante, cinquante gendarmes envoyés par le gouverneur sont arrivés au collège. Des sentinelles et des postes gardent toutes les issues, fusil chargé, cartouchières pleines.

Voilà où nous en sommes à Paris, en face des Allemands vainqueurs, à la veille d'un siège!

13 septembre.

Les citoyens de Belleville ne sont pas revenus. Tant mieux, pensions-nous en nous éveillant; tant pis, ont dit les gendarmes...

En réponse au rapport du Père Recteur, le préfet de police a rédigé un manifeste interdisant les visites domiciliaires illégales. Cette pièce vient de paraître à l'*Officiel*.

M. le comte de Kératry ne s'en est pas tenu là. Ce soir, il a fait lui-même garder les Jésuites par un détachement de garde nationale et par une section de gendarmerie.

Les temps ont changé [1].

---

[1]. Cette même année, M. le comte de Kératry avait prononcé au Corps législatif un discours hostile aux Jésuites.

CHAPITRE II

VAUGIRARD CASERNE

14 septembre.

Où se trouve aujourd'hui l'armée allemande? A Chantilly, à Mantes, à Rambouillet ? Peut-être là, peut-être plus près. On l'ignore; tant cette armée dérobe habilement sa marche et ses mouvements derrière un rideau flottant de cavalerie. — Hulans devant nous! Hussards devant nous! tels sont les rapports invariables des reconnaissances. C'est toujours avec de la cavalerie qu'elles ont échangé des coups de sabre ou des balles.

Malheureusement, si l'on ne connaît pas exactement la position de l'ennemi, on sait qu'il avance ; on sait que, chaque jour, se rapprochent les anneaux de la chaîne qui se tend autour de Paris.

Chaque jour aussi, par les derniers trains des dernières lignes ouvertes, arrivent en masse les *mobiles* de province désignés pour défendre la capitale.

Ces mobiles, il faut les habiller, il faut les armer, il faut les loger surtout.

Vaugirard en logera. Le commandant d'état-major du secteur sort d'ici. Il venait avertir qu'un bataillon de gardes mobiles camperait, ce soir, au collège. Une heure après, nous entendions les clairons. C'étaient les Bretons de Saint-Nazaire sous les ordres du baron de Lareinty. Braves gens, ces mobiles de Bretagne, venus avec leur aumônier et leurs messieurs garder Paris, dont ils n'ont cure, parce que « Paris c'est la France tout de même ». Braves gens ; mais qu'en faire ? D'après l'ordre, ils devaient passer la nuit dans les jardins et dans les cours, auprès des faisceaux. L'air était bien froid, leurs vêtements bien minces ! Délibération prise, on les mena dans les dortoirs.

Installer six cents Bretons dans sept dortoirs, comprenez-vous l'entreprise ? Ce fut d'abord un désordre, un tapage à exaspérer le surveillant le plus impassible. Le Père Hériveau lui-même, malgré sa voix de préfet, y perdait son latin. A la fin, cependant, grâce à l'aide d'un ancien de Vaugirard, M. Lazerme, sous-lieutenant au bataillon, nous arrivons à caser notre monde. Détail édifiant, avant de se rouler, pour dormir, dans leur toile de campement, presque tous les hommes ont fait le signe de la croix et se sont agenouillés. Ils ne s'en battront pas plus mal pour cela, j'en réponds [1] !

La besogne terminée, je cours après l'ami Lazerme. Je voudrais lui offrir une chambre d'officier. Impossible de le rencontrer. Qu'est-il devenu ?...

En traversant le dortoir de première division [2] pour regagner ma cellule, je retrouve enfin mon lieutenant. Il a découvert son ancien alcôve et s'est pelotonné, sur le lit, en jurant qu'il y dormirait encore une fois. Que les plus beaux jours de sa vie d'écolier lui reviennent en rêve !

15 septembre.

Une compagnie de canonniers mobiles de la Drôme vient occuper Saint-Stanislas.

16 septembre.

Deux corps d'armée allemands sont reconnus depuis hier : le premier tient de fortes positions vers Lagny ; l'autre, après s'être établi à Villeneuve-Saint-Georges, pousse à travers bois ses avant-gardes sur Versailles.

---

1 Ce bataillon, oublié, sans ordres, dans le château Pozzo di Borgo, le soir de la bataille de Buzenval, y tint tête, vingt-quatre heures, à une brigade prussienne. Il fallut amener du canon pour le réduire.

2. Aujourd'hui salle de réunion de MM. les abbés.

17 septembre.

« Eh bien, capitaine, que pensez-vous du siège ; comment les Allemands vont-ils attaquer Paris ?

— Les Allemands ? leur tactique est très claire. M. de Bismarck l'a résumée en une phrase d'ailleurs assez pittoresque : « Laisser cuire les Parisiens dans leur jus. » Ils vont nous bloquer. »

Ainsi me répondait, ce matin, un lieutenant de vaisseau. L'instant d'après, j'aborde le colonel commandant le Génie du secteur :

« C'est donc un blocus, mon colonel ?

— Un blocus ? Je n'en crois rien, cela n'en finirait pas. Les Prussiens *éteindront* un ou deux forts : Issy ou Vanves ; puis, de là, ils nous mettront en poudre. Oui, c'est dommage, continuait-il, en regardant le bâtiment Joly, vous avez là une grande maison toute neuve. Que voulez-vous ? il faut en faire votre deuil. »

Qui a raison de la Marine ou du Génie ? La suite le prouvera. Mais, assurément, l'opinion du Génie est aujourd'hui la plus répandue. Le sort de Strasbourg, présent à toutes les mémoires, hante les imaginations. Un bombardement paraît chose prochaine, inévitable.

Déjà depuis longtemps les journaux signalent les mesures à prendre contre les projectiles incendiaires, la municipalité les affiche dans les rues, le service des eaux établit partout des postes de *fontai-*

niers ; on blinde l'Arc de Triomphe de l'Étoile ; on blinde le Louvre et les bibliothèques publiques. Les hommes du métier nous conseillent de blinder le collège, ou, du moins, de nous y ménager un réduit.

A tout hasard, nous avons pris les précautions que dicte la prudence. Un épais talus, couvrant la terrasse, met le sous-sol à l'abri des obus. Les caves déménagées ont reçu la bibliothèque ; elles recevront les habitants du collège, si c'est nécessaire. En outre, des amas de terre, des provisions d'eau vont être disposés à tous les étages, et, dans le bâtiment Joly, les charpentiers commencent à étayer fortement, en arrière des piliers de maçonnerie, les longues poutres de fer qui soutiennent les planchers[1].

Voici du nouveau : par ordre de l'état-major, le bataillon de service aux remparts se concentre à Saint-Louis, cédant la maison Saint-Joseph à une batterie du 7ᵉ qui nous arrive. Avec les mobiles bretons logés dans les classes et dans les dortoirs, les canonniers de la Drôme à Saint-Stanislas, les conducteurs du génie au demi-pensionnat, les blessés dans la grande salle transformée en ambulance ; cela

---

1. Cette dernière précaution, due à l'initiative du R. P. Recteur, sauva l'aile occidentale d'une destruction presque certaine. Pendant le second siège de Paris, des obus coupèrent, au troisième étage, deux piliers de soutènement. Sans les étais solides auparavant établis, les poutres auraient fatalement cédé, amenant l'effondrement du toit et de l'étage supérieur.

fait plus de quinze cents hommes. Vaugirard paie sa dette à la patrie. Ce n'est plus un collège, c'est une caserne, c'est un camp[1] !

Aurons-nous à nous louer de cette population nouvelle ? S'il faut l'avouer, j'en doute fort. Les révolutions ne sont pas faites pour affermir la discipline ni rehausser le moral dans une armée. Quatre jours à peine sont écoulés et nous avons été déjà victimes ou témoins d'actes trop nombreux de pillage, de révolte et de débauche. Mais tirons le rideau sur de si tristes scènes... Après tout, ces soldats rebelles et coupables aujourd'hui, demain peut-être, vont marcher à la bataille, marcher à la mort, et, aux yeux des hommes, comme devant Dieu, je l'espère, mourir pour son pays efface bien des fautes.

---

1. Il va sans dire que la Convention de Genève fut scrupuleusement observée. Au premier coup de canon, tout belligérant évacua les bâtiments couverts par le drapeau d'ambulance.

CHAPITRE III

PREMIERS COMBATS

18 septembre.

Le cercle d'investissement qui entoure la capitale s'est resserré pendant la nuit. Chaîne invisible qui vous étreint, qui vous étouffe! Depuis trois jours, les lignes du Nord, de l'Ouest et de Lyon — la ligne de l'Est a été coupée la première — ont cessé tout service avec la province. Ce matin, le dernier train d'Orléans est entré en gare. Après l'avoir fusillé au passage, un parti de hussards allemands a rompu la voie derrière lui... Nous sommes séparés du monde.

Combien de fois n'ai-je pas entendu dire que le blocus de Paris était une impossibilité, un rêve. Eh bien! l'impossible s'est réalisé, le rêve a pris corps. Paris ne communique plus avec la France, il ne communique plus même avec la banlieue. Paris est bloqué.

Quand et comment le cercle de fer se rouvrira-t-il ? Élèves de Vaugirard, chers amis, quand et dans quel état reverrez-vous Paris et votre collège ? C'est la fortune de la guerre et le secret de Dieu.

19 septembre.

On se bat... la fusillade, mêlée à de violentes décharges d'artillerie, éclate sur toutes les collines du Sud. Châtillon, Meudon, Saint-Cloud nous apparaissent enveloppés de fumées bleuâtres rayées, de temps à autre, par un rapide éclair. Le Mont-Valérien tire avec les pièces de ses batteries hautes.

Il est neuf heures. La bataille est perdue. C'est plus qu'une défaite, c'est une affreuse déroute.

Du faubourg d'Issy aux portes de notre ambulance un troupeau de fuyards encombre la rue. Ils arrivaient affolés, sans sacs, sans munitions, la plupart sans armes. Les premiers que nous apercevons sont des zouaves.

Vainement des officiers du secteur s'efforcent-ils de mettre un peu d'ordre dans cette cohue. Les soldats débandés n'écoutent personne.

« Nos chefs nous ont trahis, criaient-ils ; le canon nous a décimés. Oh ! nous nous sommes bien battus. »

Un commandant arrache les fusils des mains

qui les conservaient encore ; il ouvre les culasses : la poudre n'en avait pas terni l'acier... J'ai vu la honte lui monter au front et de grosses larmes lui couler sur les joues.

Dire la terreur que jeta dans les quartiers voisins l'apparition de ces troupes éperdues serait impossible. La panique augmenta encore quand l'amiral, autant pour arrêter les fuyards que par mesure de prudence, ordonna de lever les ponts de la porte de Versailles, d'abaisser la passerelle devant les blessés seulement et d'appeler les gardes nationaux au son du tambour.

Signalons un fait caractéristique : ces gardes nationaux, qui dévastaient tout à Saint-Louis, ont refusé de se rendre aux *avancées* « vu leur ignorance du métier, vu leur qualité de pères de famille et la gravité des circonstances ». A quoi sont-ils bons alors ; à chanter la *Marseillaise?*

Cependant, nous ne cessons de diriger les blessés sur le collège. De neuf heures à onze heures du matin, l'ambulance en a reçu quatre-vingt-quatre. Heureusement, lits, charpie, linge à pansements, cordiaux, tout était prêt ; pas un de nos soldats n'a dû se repentir d'être *tombé* chez les Jésuites.

Dans la soirée, en vertu d'un laisser-passer gracieusement accordé par le général gouverneur, plusieurs Pères ont parcouru le champ de bataille assistant les blessés, offrant aux mourants les consolations' suprêmes. Leur œuvre de charité n'a pas été troublée.

A l'instant où j'écris ces lignes, le R. P. Recteur rentre très ému. Il explorait la terrasse déserte du château de Meudon quand il a découvert, à demi cachés dans un massif sous lequel ils s'étaient traînés, cinq blessés oubliés là depuis la déroute de la matinée. Ces malheureux le suppliaient de ne pas les abandonner, de les arracher, en même temps, aux angoisses d'une nuit de souffrances et à l'ennemi qui ne manquera pas de les faire prisonniers le lendemain.

Seul, sans moyens de transport, le P. Recteur n'a pu que leur promettre de les signaler aux voitures d'ambulance qu'il rencontrera. Il n'en a rencontré aucune et revient navré.

« Voulez-vous me permettre, mon Père, d'aller ce soir à Meudon ?

— Allez. »

La nuit est venue. Muni d'un ordre de réquisition, je me procure une charrette bien garnie de paille ; le propriétaire de l'équipage m'accompagne. L'expédition ne semble pas de son goût... pourtant, ne voulant pas paraître *moins bon qu'un curé*, il fouette ses chevaux d'assez grand cœur.

Jusqu'à l'entrée d'Issy tout va bien ; mais arrivés là nous sommes arrêtés net. Une colonne de la division Ducrot restée la dernière sur le champ de bataille rentre dans Paris avec ses canons et ses voitures. Impossible de remonter le torrent. Les soldats jurent... un officier s'approche et poliment nous invite à tourner bride. Il faut obéir.

Pauvres blessés de Meudon, je rêverai de vous toute la nuit.

20 septembre.

« Êtes-vous toujours décidé à partir pour Meudon ce matin ?

— Toujours, dis-je en m'éveillant.

— Venez, alors ; tout est prêt. »

A la grille, un des grands omnibus du collège attend, en effet, pavoisé des drapeaux blancs, à croix rouge, réglementaires. Le Frère Mouly, homme de cœur et de sang-froid, cocher excellent, tient les guides. Nous partons.

Belle matinée, route déserte et silencieuse. Seuls quelques traînards d'hier attardés dans les cabarets du faubourg regagnent Paris en chancelant.

Au coin du parc d'Issy, une barricade au travers du chemin. Les sentinelles — des sergents de ville mobilisés — nous présentent les armes, mais nous avertissent qu'on ne va pas plus loin. Nous exhibons nos laisser-passer. Le chef de poste se présente : il est désolé, personne ne peut franchir les grand'gardes. Meudon est occupé par l'ennemi, les hulans battent le val et la plaine, et puis, c'est la consigne.

Rien n'est plus brutal, mais rien n'est plus respectable qu'une consigne. D'ailleurs, nous savons que deux Pères de la rue des Postes que leur zèle a entraînés hier dans les lignes allemandes n'ont pas encore reparu[1]. Leur sort nous tente peu. Rebroussons chemin !

Une heureuse inspiration nous pousse à diriger notre course vers Montrouge, Bicêtre et Villejuif. Ce village est au pouvoir de l'ennemi : toutefois des paysans nous indiquent cinq blessés abandonnés dans une ferme écartée. Vite nous les recueillons, vite nous roulons vers Paris. La journée n'a pas été perdue.

On a des détails sur la panique d'hier. L'aile droite, occupant les positions de Meudon et de Montretout était formée du 38ᵉ de ligne et du 2ᵉ zouaves. Des volontaires parisiens, séduits par l'uniforme, s'étaient engagés en foule dans ce dernier régiment. Aux premiers obus, des cris de : « Sauve qui peut, trahison ! » partirent de leurs rangs, ils perdirent cœur et s'enfuirent. Cet exemple devint fatal. Oh ! les jeunes troupes !...

Il y a à l'ambulance un zouave du 2ᵉ régiment : trois chevrons, barbe grisonnante, le pied droit fracassé par un éclat d'obus. Quand on lui demande s'il

---

[1]. Les Pères Montazeau et Rathouis. Ils invoquèrent vainement la Convention de Genève et furent dirigés sur Versailles.

souffre de sa blessure il répond toujours d'un signe de tête négatif et cependant des larmes brillent parfois dans ses yeux. Il pleure l'honneur de son régiment et la tache faite à son drapeau [1].

23 septembre.

Roulement de mitrailleuses et fusillade dans la direction du Sud. Les grosses pièces de Montrouge et de Bicêtre font les basses du concert. Allons de ce côté.

C'est à Villejuif qu'a eu lieu l'action. Action peu sérieuse en soi, mais importante par ses résultats. Nos troupes ont réoccupé, après un léger combat, les positions de Villejuif et des Hautes-Bruyères abandonnées, comme tant d'autres, dans la douloureuse journée du 19.

Quand nous sommes arrivés sur le champ de bataille, il était trop tard. Plus de blessés, plus de services à rendre. Nous sommes encore un peu novices. Une autre fois nous ferons mieux.

24 septembre.

Une étourderie d'enfant a failli nous coûter cher.

Plusieurs de nos élèves, bloqués dans Paris avec leurs familles, viennent souvent au collège voir les

---

[1]. Cette tache n'existe plus. Le 2ᵉ régiment de zouaves l'a héroïquement lavée dans son sang à Bry-sur-Marne, le 30 novembre 1870.

Pères et causer avec les blessés. L'un de ces élèves, un enfant de quinze ans, s'est donc imaginé que, du sommet du bâtiment Joly, il pourrait apercevoir l'ennemi et ses travaux. Sans parler à personne de son projet, il se faufile au quatrième étage, grimpe sur le toit et, de là, se met à lancer aux Prussiens des gestes épiques de colère et de défi.

Or il advint qu'il fut aperçu des gardes nationaux casernés à Saint-Louis ; le fait est palpable : du collège, on envoie des signaux à l'ennemi ; Vaugirard est un nid d'espions ; il faut faire un exemple. Aussitôt rapport de la place au secteur, enquête du secteur au collège. On devine la scène : les officiers consternés et mécontents, les Pères stupéfaits, ne sachant que répondre... Enfin, le coupable se livre et tout s'explique. L'affaire s'est terminée par un contre-rapport plein d'*humour;* mais, aux yeux des gardes nationaux, il est clair que nous restons des espions allemands et les officiers de l'état-major nos dangereux complices.

Les gens effrayés voient des traîtres partout.

30 septembre.

Encore le canon ! toujours dans la direction des forts du Sud !

A huit heures du matin, nous apercevons le champ de bataille.

Cette fois nous arrivions à temps; cette fois l'affaire était sérieuse. Il s'agissait de reprendre Chevilly et l'Hay, deux gros villages fortifiés et crénelés. Après deux heures de combat et des pertes sanglantes il a fallu lâcher prise et se replier, un peu trop précipitamment peut-être... Mais du moins l'honneur est sauf. Le général de Guilhem s'est fait tuer à la tête de ses colonnes et, somme toute, on s'est bien battu.

Quant à nous, nous avons passé un mauvais moment, dans la route encaissée de Villejuif, empêtrés avec nos voitures, sous une pluie d'obus, au milieu de troupes en retraite, de fourgons sans conducteurs et de chevaux cabrés.

Peu importe, notre présence aujourd'hui n'a pas été inutile. Le Père Clerc a pu absoudre de nombreux mourants, nos deux grands omnibus sont revenus pleins de blessés enlevés à l'ennemi et Vaugirard a reçu le baptême du feu.

CHAPITRE IV

VAUGIRARD AMBULANCE

La période qui s'écoula du 30 septembre au 12 octobre fut un temps, sinon d'inaction, du moins de calme. Au dehors, les Prussiens remuaient de la terre, fortifiaient leurs positions, élevaient des batteries, mais ne se montraient nulle part. Dans Paris, on se recueillait, on préparait la défense; l'émeute indécise, ou momentanément découragée, ne troublait point la rue.

En tournant les pages de mon journal je ne trouve annoté aucun fait, aucun événement digne de mémoire.

Nous profiterons de ce temps d'arrêt pour raconter en quelques pages, résumer en un seul chapitre, l'histoire de notre ambulance. Pendant la guerre, en effet, l'ambulance fut la grande œuvre et la grande gloire du collège de Vaugirard.

Cette histoire comprend deux phases distinctes séparées par le blocus de Paris.

Dans la première, l'ambulance reçoit les blessés de l'armée du Rhin.

Pendant la seconde, elle recueille les blessés tombés autour de nos murs, elle soigne les malades victimes des fatigues et des privations du siège.

Aussitôt après les défaites du 4 et du 6 août, le R.P. Recteur mit, pour la durée des vacances, le collège et son matériel à la disposition du ministre de la guerre. L'offre fut acceptée avec empressement. Il y avait à Nancy et dans les villes frontières des hôpitaux assez bien pourvus. A Paris rien n'était prêt. On comptait sur la victoire et sur une marche en avant.

Vaugirard proposait : douze chambres d'officiers et cent vingt lits militaires installés dans la *grande salle*[1], vaste local bien aéré qui fut très facilement transformé en ambulance. Au matériel se joignait le personnel nécessaire.

Un ancien lieutenant de vaisseau, le père Alexis

---

1. Savoir : quatre-vingt-dix lits dans la salle même, vingt lits sur la scène et dans le *Dessin* ; dix lits de sous-officiers dans les salles de musique contiguës. — La scène ouvrait alors, non comme aujourd'hui, au fond de la salle, mais sur le côté latéral, à droite en entrant.

Clerc, reçut la direction générale. Sous ses ordres, le Frère infirmier du collège, l'habile et regretté Frère Scharff, assisté d'une quinzaine de novices d'Angers, faisait exécuter les pansements et les prescriptions médicales. Le service de santé était assuré par le concours, spontanément offert, du docteur Maisonneuve et du docteur Bucquoy : l'un chirurgien, l'autre médecin de l'établissement.

Le 13 août 1870, vers le soir, un convoi de nombreux fourgons s'arrêtait, au milieu d'une foule émue, devant la porte du collège. Quatre-vingt-deux soldats de toutes armes en descendirent péniblement. Ces premiers blessés confiés à nos soins étaient les glorieux vaincus de Reischoffen. Ils arrivaient de Nancy. A l'approche des hulans, on les avait entassés, à la hâte, dans des wagons à bœufs. Leur douloureux voyage durait depuis une nuit et un jour.

De ces rudes véhicules, les pauvres gens passaient dans les délices. Des sommiers, des matelas et des oreillers douillets, des draps fins, quel luxe ! et puis... quels repas friands ! M. Maisonneuve n'aimait, pour ses patients, ni le régime ni la diète. La maxime du célèbre docteur était que plus le sang est riche, plus vite il refait la chair et ferme les blessures. Autant que possible, il prescrivait donc une succulente nourriture et du vin. Certes, nous exécutions l'ordonnance en conscience. Deux fois par jour, aux heures réglementaires, on servait aux blessés le menu des élèves :

le matin, deux rations de viande, du bouillon et des légumes, à discrétion; le soir, du bouillon, une ration de viande, des légumes et quelquefois des confitures. C'était le bon temps alors !

Mais l'homme ne vit pas seulement de pain. Dans la journée, les Pères visitaient l'ambulance, interrogeant l'un sur sa famille, l'autre sur ses campagnes, laissant à tous une parole affectueuse, un de ces mots qui relèvent l'âme et pénètrent le cœur. Souvent même ils partageaient les jeux des blessés ou leur racontaient de joyeuses histoires. Quand l'esprit est calme le corps est à moitié guéri.

Les soldats sont de grands enfants : parlez-leur avec une douce fermeté, avec franchise surtout, nourrissez-les bien, amusez-les, en quelques jours vous serez leur ami, leur idole.

Aussi nos nouveaux pensionnaires furent-ils bientôt gagnés par le bien-être qui les entourait, par la rondeur toute militaire du Père Alexis Clerc, par la gaieté des novices, par la sympathie générale. Ils nous donnèrent leur confiance loyalement, comme des soldats la donnent, et les préventions — il y en avait quelques-unes au début — s'évanouirent d'elles-mêmes.

Je me souviens d'un caporal de chasseurs à pied, vieil *Africain*, vieux pécheur, vieux diable que ses camarades appelaient *Satané*. Evidemment, se trouver chez des curés ne lui plaisait guère. Les premiers temps, il se tint sur la défensive, buvant bien, mangeant ferme, mais observant tout d'un œil goguenard et dormant volontiers quand on approchait de son lit. Enfin, le quatrième jour, sous l'influence de je ne sais quelle douce parole que lui glissa le Père Hériveau, son cœur se fondit. Il marmotta d'abord une sorte de remerciement et, comme le Père lui demandait s'il ne désirait pas être transféré dans une autre ambulance, la vérité s'échappa tout à coup de ses lèvres. « Non, dit-il, ailleurs, aussi bien peut-être; mieux, pas! » Satané était vaincu... Le soir il répondit à la prière; le dimanche suivant, il brossait son uniforme et sollicitait la faveur d'assister à la messe militaire.

Cette messe avait lieu tous les dimanches, à dix heures. Y allait qui pouvait et qui voulait. Liberté absolue pour tous. C'était notre règle.

Dans la salle, comme seul exercice religieux, la courte prière que l'aumônier récite le soir à bord des navires de guerre; comme seul emblème, un grand crucifix, l'image du Dieu qui s'est fait homme pour souffrir.

Une sage tolérance produit souvent d'heureux fruits : le troisième dimanche après leur arrivée, tous les blessés valides se rendaient volontairement à la chapelle.

Par suite des événements que nous avons racontés, le personnel de l'ambulance se trouva modifié : les novices quittèrent Paris le 3 septembre ; ils étaient remplacés par des Frères coadjuteurs.

Bientôt, les blessés eux-mêmes disparurent.

Jour après jour, l'ambulance se vidait ; non, Dieu merci, que la mort y fit son œuvre ; mais tantôt un blessé s'en allait guéri, tantôt un groupe était dirigé sur un hôpital de l'intérieur, quelques-uns recevaient leur congé.

Bref, quand, le 8 septembre, arriva l'ordre d'évacuer nos blessés sur le Val-de-Grâce, à peine les fourgons en emmenèrent-ils une trentaine.

Les premiers combats livrés sous Paris comblèrent, hélas ! trop promptement les vides.

Au commencement d'octobre, l'ambulance se trouvait de nouveau remplie. Elle reçut alors une organisation définitive et subit de notables changements,

Rattachée au Val-de-Grâce, elle en devenait la succursale officielle, aux portes de l'enceinte.

Sur la demande de l'intendance militaire, elle recevait désormais les soldats malades aussi bien que les soldats blessés.

Ce n'est pas le canon qui fait dans une armée les plus grands ravages. L'anémie, les fièvres, l'angine, en un mot les nombreux désordres causés dans les organes par les fatigues d'une campagne, les nuits humides ou glacées, le séjour dans les tranchées boueuses, ont des effets autrement meurtriers. En ce cas, il est vrai, la mort est moins foudroyante, moins imprévue; mais elle est plus cruelle, car elle vient sans la gloire.

Placer les malades à côté des blessés était impossible. L'hygiène s'y opposait, l'espace faisait défaut. Il fallait créer un service spécial. Dans l'étude, dans les classes de seconde division, on aménagea de nouvelles salles; dans les *Colles* on prépara des chambres d'officiers. Dès lors, le total des lits militaires dépassa le nombre de deux cents.

Dès lors aussi, il y eut à l'ambulance deux services au lieu d'un, et, par conséquent, double responsabilité, double labeur.

Pour accomplir cette double tâche, le personnel se divisa.

Au quartier des malades, le Père de Plas, ancien capitaine de vaisseau, ancien major de la flotte, prit en main la surveillance et l'autorité. Le docteur Bucquoy y donnait les soins médicaux, assisté et suppléé, en dehors des heures de visite, par le Père Legouis dont les connaissances en médecine nous furent alors d'une utilité précieuse.

A la salle des blessés restée, cela va sans dire, sous la direction du Père Alexis Clerc, le docteur Maisonneuve était également suppléé par un interne de l'Hôtel-Dieu, M. Bourthère, établi à poste fixe à Vaugirard, au titre auxiliaire d'aide-major.

Hâtons-nous d'ajouter que tous les dévouements s'unirent pour venir en aide aux soldats confiés à nos

6

soins. Des hommes du monde briguaient l'honneur de veiller au chevet des malades; un comité de dames pieuses s'assemblait chaque jour dans l'ancienne étude de Saint-Stanislas, confectionnant de chauds vêtements de laine, réparant le linge, roulant les bandes, effilochant de vieux draps en charpie.

Ainsi que la première population de l'ambulance la seconde se laissa facilement gagner. Les mêmes procédés amenèrent les mêmes résultats : confiance illimitée dans leurs *aumôniers*, cordialité franche, docilité complète au règlement.

Ce règlement, il est vrai, n'était pas d'une observation difficile :

Jusqu'à neuf heures du matin, silence.

De neuf heures à onze heures, visite et pansements.

A onze heures, déjeuner, temps libre.

Le temps libre, voilà le bon moment de la journée ; les plus valides se lèvent et vont s'asseoir, au milieu de la salle, autour d'un grand calorifère. On lit, on cause, on joue aux jeux favoris du soldat. Chez les blessés, on fume, car le *major* estime que, dans une salle bien aérée, les vapeurs du tabac, loin d'être nuisibles, assainissent l'atmosphère et combattent efficacement les miasmes d'hôpital. Les Pères se mêlent aux jeux, se mêlent aux conversations; — c'est une coutume que nous avons prise au début et que nous conservons, car elle est bonne. Tout en flattant le soldat, elle prévient le désordre et maintient la décence.

Quatre heures sonnent; chacun regagne son lit. Seconde visite et pansement du soir.

A cinq heures, dîner, puis une courte prière — trois *Notre Père* et une invocation à Marie, — puis le sommeil... pour ceux que la douleur aiguë ne condamne pas à l'insomnie ou que le bruit du canon n'empêche pas de dormir.

Inutile de répéter que, le dimanche, à dix heures, tous assistent à la messe militaire, parce que personne n'est contraint d'y aller.

Ainsi les jours s'écoulaient. Ainsi notre œuvre, lentement, mais sans relâche, tendait à son double but : rendre des soldats à la patrie, ramener des âmes à Dieu.

Exercer cette action salutaire, dans les limites du collège, était beaucoup sans doute. L'étendre et la prolonger au delà, jusque sur les champs de bataille, était mieux encore. Tel fut le rôle que, durant tout le siège, l'*ambulance volante* de Vaugirard essaya d'accomplir.

Qu'était-ce que l'ambulance volante ?

Le collège possédait deux grands omnibus bien attelés, bien suspendus, destinés, avant la guerre, au service du demi-pensionnat. En y joignant le fourgon aux provisions également suspendu, on disposait de trois voitures parfaitement aménagées pour coucher des blessés et les transporter sans cahots ni douleurs.

Dès le commencement des hostilités, le R. P. Recteur eut la pensée d'employer, à cet usage, un matériel momentanément inutile. On se souvient de nos tentatives, le lendemain de Châtillon et le jour du combat de Villejuif : plus de bonne volonté déployée que de résultats obtenus. Mais l'expérience instruit ; les autorisations nécessaires furent obtenues, des perfectionnements furent introduits, et, vers la fin de septembre, à la sortie sur l'Hay, l'ambulance volante de Vaugirard fonctionnait régulièrement.

Par humilité, sans doute, le P. Alexis Clerc en avait refusé la direction, se contentant du titre d'aumônier. Cette direction me fut alors confiée. Si l'honneur était grand, la responsabilité était lourde. Mais le Père Clerc m'accompagna toujours et j'avais pour conducteurs deux hommes à la fois hardis et calmes : le Frère Oswald et le Frère Mouly.

En nous reconnaissant officiellement, l'intendance nous avait laissé nos chevaux déjà réquisitionnés pour l'artillerie. Chaque voiture restait constamment pourvue de brancards-civières, d'une caisse à pansements et de bidons remplis d'eau légèrement aiguisée de rhum, car la première prière que vous adresse un blessé c'est : « A boire. » Tout étant ordonné de la sorte, atteler et partir ne demandait qu'un instant. Dès qu'un ordre venait du secteur, dès qu'à la canonnade habituelle se joignait la mousqueterie, une, deux ou trois voitures roulaient vers le lieu du combat.

Arrivés sur le champ de bataille, nous nous orientons à la hâte. On abrite les voitures, le plus près possible des lignes de feu, derrière un mur, un talus, sur lequel on plante le drapeau de Genève; puis, on se quitte, après un serrement de main. Les conducteurs restent à la tête des chevaux, le Père Clerc cherche des mourants pour les absoudre, je cherche des blessés pour les diriger ou les faire transporter vers notre poste. Là, on leur fait un pansement provisoire, on les asseoit ou on les couche dans une voiture qui, aussitôt pleine, part au grand trot pour Vaugirard, avec ordre de revenir si l'action se prolonge.

Ordinairement, ce n'était pas plus compliqué que cela; mais quelquefois, pendant une de ces trêves tacites qui s'établissent au milieu de la bataille, on apprenait que des blessés demeuraient au pouvoir de l'ennemi. Alors il fallait engager les attelages à travers les champs défoncés ou couverts de neige; il fallait s'avancer en parlementant jusqu'aux tranchées allemandes. Officiers et soldats — rendons-leur cette justice — s'y montraient humains et courtois. Ils apportaient eux-mêmes avec des précautions infinies, ils plaçaient dans nos voitures les blessés tombés dans leurs lignes et, quand nous partions, les officiers saluaient de l'épée, les sentinelles présentaient les armes. On dira que tout cela n'est qu'une vaine parade, que les Prussiens nous rendaient seulement les soldats grièvement touchés dont ils n'entendaient pas alourdir leurs colonnes, encombrer leurs hôpitaux; n'importe, j'aime, entre ennemis, ce respect de la souffrance, cet hommage aux vaincus; c'est, avec un souvenir de chevalerie, une lueur de civilisation chrétienne qui domine encore la fureur des batailles.

Relever des soldats tout sanglants, les soigner et les guérir, les aimer et s'en faire aimer est une chose bien simple, une tâche bien facile; mais il faut aussi pourvoir à leurs besoins. Là, se rencontra l'obstacle.

En moyenne, la population de notre ambulance variait de cent quarante à cent soixante malades ou blessés. Plusieurs fois elle atteignit le chiffre de deux cent vingt. Or, dans une ville assiégée où les ressources allaient diminuant chaque jour, comment se procurer les médicaments nécessaires; comment, surtout, se procurer des vivres pour un si grand nombre?

Au commencement, ce fut chose aisée. Grâce aux sages précautions de M. Clément Duvernois, l'abondance régnait dans Paris. On trouvait, argent comptant, jusqu'au superflu et l'argent ne manquait pas encore à Vaugirard.

Mais, le 28 septembre, un décret parut limitant le nombre des animaux journellement destinés aux abattoirs.

Le 2 octobre, second décret supprimant les boucheries libres, instituant les boucheries municipales et subordonnant l'achat des viandes à la présentation de cartes personnelles délivrées par les mairies aux chefs de famille établis dans l'arrondissement.

On rationnait, et c'était juste; mais comprend-t-on qu'aucune mesure spéciale n'ait assuré l'alimentation des ambulances?

Naturellement, les blessés ne recevaient pas de cartes de mairie ; l'administration civile ne se mêle pas du militaire. De son côté, l'intendance déclarait ne devoir la ration qu'aux seuls combattants. A qui s'adresser alors, que devenir?

« Débrouillez-vous ! arrangez-vous ! »

Voilà ce qu'on nous répondait dans les bureaux. Il y avait pourtant une variante plus polie :

« Voyez donc au Commerce. »

Et dans ce ministère :

« Voyez donc à la Guerre. »

Ce chassé-croisé dura six semaines. Pendant ce temps, nous obtînmes de diverses administrations : cent cinquante kilos de bœuf, vingt boîtes de conserves et six kilos de mouton. Si nous n'avions pas tué trois chevaux pour nourrir nos blessés, il aurait fallu fermer l'ambulance.

Enfin, le 3 décembre 1870, une situation si intolérable fut régularisée. A partir de ce jour, l'hôpital Necker nous délivra gratuitement, en riz et en viande de cheval, les rations quotidiennes des militaires certifiés présents sur nos rôles. De ce côté du moins, les tribulations étaient finies.

Le 1er mars 1871, nos derniers convalescents nous quittèrent.

A cette date, le total des journées de blessés ou malades soignés à l'ambulance du collège de Vaugirard s'élevait à vingt et un mille deux cent cinquante [1].

---

1. Je n'ai pu retrouver ni à l'intendance ni dans les papiers du Frère Scharff un exemplaire du rapport officiel. Le chiffre que je donne existe sur mes carnets ; je n'en garantis pas l'exactitude absolue, mais je ne crois pas qu'il s'écarte beaucoup de la vérité.

CHAPITRE V

RENTRÉE DES CLASSES

7 octobre.

« Je trouverai mes meilleurs alliés sur les bords de la Seine et la Révolution combattra pour nous dans Paris. » Si M. de Bismarck a réellement dit cette parole, je l'estime un demi-prophète. Clubs et comités s'apprêtent à lui donner raison.

Vaincus le 11 septembre, ils s'étaient, après ce premier échec, enfermés dans le silence. On les croyait évanouis, ils concentraient leurs forces ; on les croyait intimidés, ils mûrissaient leur plan, ils cherchaient, pour en faire leur mot d'ordre, un de ces noms qui ont le privilège d'aveugler et d'entraîner les foules. Or ils l'ont trouvé ce nom magique : c'est *la Commune*.

Ce matin des affiches rouges, collées sur tous les murs, résument, en cinq articles, les convoitises ardentes, les revendications sociales de ce parti qui prétend nous sauver :

Art. 1ᵒʳ. — Suppression des ordres religieux, confiscation de leurs biens.

Art. 2. — Transformation des églises en ambulances.

Art. 3. — Visites domiciliaires et perquisitions pour la mise en commun des vivres et approvisionnements. Rations délivrées gratuitement aux pauvres ; aux riches, contre payement.

Art. 4. — Réquisition des bronzes et aciers : colonne Vendôme et becs de gaz, pour les fonderies de canons.

Art. 5. — Tous les hommes valides employés à la fabrication des armes. Confection des cartouches sur toutes les places publiques.

D'autres placards invitent les citoyens à se réunir le lendemain sur la place de l'Hôtel-de-Ville pour signifier au gouvernement les volontés du peuple.

Auprès de ces affiches, des meneurs haranguent la foule attroupée : en attendant, histoire de se faire la main et de se donner du cœur, on pourrait *visiter* les Jésuites de Vaugirard, de la rue de Sèvres et de la rue Lhomond.

Rien de rassurant pour nous dans ces visites ; rien de rassurant surtout dans le programme dont la manifestation de demain doit imposer l'exécution. Allons, mes Pères, mettez en sûreté les objets précieux des sacristies, cherchez des refuges dans Paris, préparez vos habits laïques!... Nous passons une partie de la nuit à faire des ballots que le fourgon emporte silencieusement par la rue Lacretelle. Peut-être la nuit prochaine serait-il trop tard. Quelles transes, mon Dieu ! Faudra-t-il vivre longtemps ainsi, au milieu de continuelles alertes, entre l'ennemi du dehors et l'ennemi de la rue ?

8 octobre.

La manifestation des clubs vient de subir un éclatant échec.

Vers midi, une foule bigarrée de gardes nationaux, d'hommes en blouse, de femmes et d'enfants encombrait les quais et la place de l'Hôtel-de-Ville, agitant des drapeaux rouges, s'ameutant et se poussant contre les portes en criant : « La Commune, la Commune de Paris! »

Mais, à deux heures, dix-sept bataillons de l'ordre, accourus des quartiers du centre, débouchèrent, tambours battants, de toutes les rues voisines. En un moment, la place s'est trouvée dégagée et le général gouverneur, sortant de l'Hôtel, a été salué par les acclamations répétées de : « Vive la défense! vive le Gouvernement! Pas d'émeute devant l'ennemi! Vive l'ordre! »

Décidément, l'idée de la Commune n'est pas mûre encore; nous pouvons respirer en paix... pendant quelques jours.

9 octobre.

Étant donné que jusqu'ici nous ayons été en vacances, voilà nos vacances finies. Le collège de Vaugirard rouvre ses cours. Comment, une rentrée en temps de siège ? Mais oui, malgré le canon, malgré l'émeute ; peut-être même à cause de l'émeute.

Dès le 5 octobre, les principaux lycées ont recommencé les classes ; plusieurs établissements libres, imitant cet exemple, rappellent successivement leurs élèves ; le Recteur de Vaugirard ne peut rester en arrière. Il a donc été décidé que l'avis d'une prochaine rentrée serait adressé aux familles résidant à Paris. En outre du service rendu aux enfants, cette mesure affirmera notre existence, maintiendra nos droits et rendra plus odieuse une aggression de nos ennemis.

Cent une lettres sont parties ce soir. Le collège recevra les élèves, comme externes, bien entendu, de midi à quatre heures et demie. Les omnibus de la maison prendront et ramèneront à domicile les enfants les plus faibles et les plus éloignés.

La rentrée des classes est fixée au 13 octobre. Pourvu qu'il n'y ait, ce jour-là, ni sédition ni bataille. Espérons-le.

11 octobre.

Violente canonnade. Le Mont-Valérien, les batteries de la Seine, les canonnières, les forts d'Issy, de Vanves et de Montrouge s'allument l'un après l'autre, et font rage.

Sur quoi tirent-ils ? on l'ignore.

Le bruit court qu'une sortie sérieuse sera dirigée demain vers Choisy-le-Roy.

De fait, on remarque de grands mouvements de troupes et le Val-de-Grâce vient d'évacuer ses blessés sur notre ambulance.

A demain, les nouvelles.

12 octobre.

Rien, calme plat, toute la journée. A peine quelques coups de canon, aux approches de la nuit. Il n'y a pas eu de sortie.

Aussi bien, quand un mouvement est annoncé la veille, il est sage de ne pas l'opérer le lendemain. Tout ce qui se passe, tout ce qui s'écrit dans Paris, les Allemands le savent, les Allemands le lisent. Dans les premiers jours du siège, on voyait des espions où il n'y en avait pas ; maintenant qu'ils nous inondent, on ne veut plus les voir.

13 octobre.

Aujourd'hui, à midi, rentrée des classes.

Tout sera prêt. Depuis l'aube, les domestiques

lavent, balaient, époussettent, alignent les pupitres, rangent les bancs et les tables, vissent les encriers. Peu à peu, l'étude et les classes de première division — c'est là que travailleront les élèves — reprennent leur physionomie accoutumée.

De leur côté, les professeurs tirent de leurs cartons thèmes et vers latins, secouent la poussière de leurs livres, jettent un coup d'œil sur les auteurs.

Comme matière d'explication latine, je relis le second livre de l'*Énéide*.

Il est de circonstance.

Soudain, à la même minute, au coup de dix heures, les batteries de Vanves et d'Issy ont tonné à la fois. C'était un signal, car aussitôt, la fusillade éclata roulant et se prolongeant dans les taillis de Clamart.

Quelques instants après, le Père Clerc entrait dans ma chambre.

« Est-ce sérieux ?

— Je le crois ; venez-vous ?

— Mais vos élèves.

— Le Père de Gabriac les réunira aux siens ; partons. »

En traversant la cour du parloir, nous croisons un officier du secteur : il nous apporte l'ordre de marcher sur Clamart avec l'ambulance volante.

A Saint-Joseph, on mettait les chevaux aux omnibus pour aller chercher les élèves. Je prends la première voiture attelée et nous rallions au canon. Les élèves viendront à pied; tant pis si la rentrée tombe un jour de sortie.

Clamart est au pouvoir de nos troupes. Nous recueillons, dans une auberge, six blessés, un lieutenant et cinq hommes, et nous revenons à Vaugirard pour repartir immédiatement, car l'action se développe sur une ligne étendue et tourne vers Châtillon, Fontenay et Bagneux.

Sortant par la porte de Versailles, nous prenons la route de Vanves à Montrouge et, contournant le fort, dont les volées d'obus passent en sifflant sur nos têtes, la voiture enfile la côte de Bagneux.

Par ici, l'affaire est chaude.

Un bataillon de la Côte-d'Or vient d'enlever, à la baïonnette, l'entrée du village; mais les Bavarois tiennent encore dans les maisons, dans les jardins. Du plateau de Châtillon, de toutes les positions dominantes, l'artillerie allemande crible la partie occupée par nos soldats de coups habilement ajustés.

Le Père Clerc m'a quitté, selon son habitude, et je reste seul à m'occuper des blessés. Ils ne manquent pas, malheureusement. A chaque instant, on en apporte : des mobiles, des soldats du 35ᵉ de ligne, brave régiment que nous avons rencontré plus d'une fois. Ma voiture promptement remplie est mal abritée derrière une terrasse basse surmontée d'une rangée de tilleuls. Les feuilles et les branches tombent sur nous, hachées par les balles; nos chevaux prennent peur. Un major nous presse de partir : « Pourquoi restez-vous là? vos chevaux vont briser la voiture, renverser les blessés! » Le conseil est prudent, mais où est le Père Clerc? Je le cherche un moment... personne ne l'a vu. Impossible d'attendre ; nous reprenons, à fond de train, le chemin de Paris.

Devant la grille de Vaugirard, le R. P. Recteur s'apprête à partir avec le second omnibus. Troisième départ ; il est quatre heures et demie.

Un peu au delà du fort de Montrouge, assis sur un tas de pierres, au bord de la route, sans se troubler du bruit des caissons qui roulent ni du canon qui gronde encore, le Père Clerc récitait tranquillement son bréviaire. Il était entré, durant le combat, dans une des premières maisons de Bagneux où se trouvaient des mourants en grand nombre ; puis, son ministère achevé, il avait abandonné le village et, ne me retrouvant plus, attendait une voiture vide pour rentrer à Paris.

Nous le faisons monter et nous tournons bride ; l'action est finie. Châtillon n'ayant pas été enlevé, on a évacué Bagneux qu'on ne pouvait conserver sous le feu plongeant de l'ennemi, mais on l'a évacué dans le meilleur ordre et en ramenant deux cents prisonniers. C'est un malheur, ce n'est pas une défaite.

Quarante élèves sont venus au collège, cette après-midi. Le Père de Gabriac a recueilli les miens dans sa classe ; il m'offre d'en faire autant les jours de bataille. Je lui promets, à mon tour, de m'occuper de ses rhétoriciens, s'il vient à s'absenter. Contrat synallagmatique auquel l'excellent Père ne gagnera pas, je crois.

17 octobre.

Eu égard aux circonstances, notre rentrée est fort belle. Les quarante élèves du premier jour ont vu doubler leur nombre. Aujourd'hui lundi, 17 octobre, quatre-vingt-trois élèves assistaient aux cours.

Ces élèves sont répartis dans toutes les classes, depuis la sixième jusqu'à la Rhétorique inclusivement. La Rhétorique en compte vingt et un; les Humanités, dix-sept; la Troisième, quinze; la Quatrième, douze; la Cinquième, onze, et la Sixième, sept [1].

Tous les différents groupes se réunissent, pour le travail, dans l'étude de première division; mais, afin d'épargner aux blessés le tapage et les cris, c'est dans

---

1. Chiffres du 17 octobre 1870. A cette date, les professeurs étaient :

    En Rhétorique, P. de Gabriac.
    En Humanités, P. Prampain.
    En Troisième, P. Chabin.
    En Quatrième, P. Hériveau (remplacé depuis).
    En Cinquième, P. Martin.
    En Sixième, P. Broquet.
    Surveillant d'Étude, P. Legouis.
    Surveillant de Récréation, P. Broquet.

la cour de seconde division que les récréations se prennent.

Inutile de dire que l'ancien règlement de Vaugirard a été singulièrement modifié. Voici le nouveau, affiché hier au parloir :

    De midi à une heure :   Etude.
    De une heure à trois heures : Classe.
    A trois heures :   Récréation.
    A trois heures et demie :   Etude.
    Quatre heures et demie :   Départ.

O journée de collège qui sera l'envie des âges futurs !

Jusqu'ici, du moins, tout fonctionne à merveille. Les élèves sont exacts, studieux, pleins d'enthousiasme. Combien de jours ce beau feu durera-t-il ? Combien de jours ! mais, au temps où nous sommes, qui peut compter sur un jour[1] ?..

---

1. A part quelques légèretés inévitables, la conduite et le travail des élèves du siège furent incontestablement meilleurs qu'on ne pouvait s'y attendre dans des circonstances aussi exceptionnelles.

CHAPITRE VI

A LA RATION

1er novembre.

Les pages de mon journal sont blanches. Du 18 octobre jusqu'à ce soir, je n'ai pas eu le courage d'écrire une ligne. Il y avait trop peu à dire ou trop à dire. A une période de calme écrasant et morne ont succédé, coup sur coup, des émotions si violentes, si douloureuses, que l'âme en sortait anéantie, la volonté brisée. Le 30 octobre, c'était le Bourget perdu aussitôt que pris; le même jour, la capitulation de Metz officiellement connue; hier enfin, l'émeute triomphante à l'Hôtel de Ville, le gouvernement prisonnier des factieux et Paris livré, pendant douze heures à l'anarchie.

Vivre de cheval et de pain noir n'est rien. Vivre,

dans Paris bloqué, comme dans une île perdue au milieu des flots, sans nouvelles de ses amis, sans nouvelles de sa famille, sans nouvelles des champs de bataille où se joue le sort de la France est assurément cruel ; mais vivre témoin de défaillances coupables, de révoltes armées, de saturnales honteuses en face de la patrie mourante, voilà ce qui abat les plus fiers courages, ce qui désespère le cœur quand, s'oubliant aux choses de la terre, il néglige de s'élever à Dieu.

2 novembre.

Jour des morts. Cette année, la fête emprunte aux circonstances quelque chose de plus solennel et de plus grave.

Les canonniers de la Drôme nous quittent, ce soir. Ils vont occuper le moulin Saquet, aux extrêmes avant-postes. Avant de partir ils ont voulu assister, en tenue de campagne, à la messe que le R. P. Recteur célèbre, au grand autel drapé de noir.

Combien, parmi ces pieux soldats, n'auront pas d'autres honneurs funèbres !

5 novembre.

Signe précurseur de famine :

On vient de réquisitionner les trois vaches que nous avons ramenées à temps, des Moulineaux.

Provisoirement, on nous les laisse, sur justification

de fourrages, — triste fourrage, du foin en poussière et les paillasses de la communauté ; — mais nous ne pourrons ni les tuer, ni les vendre.

Vous souvient-il des chèvres du Père Chalet, des deux chèvres délices des enfants de Saint-Louis ? L'une d'elles a fourni aux blessés le repas de la Toussaint ; l'autre, qu'on laisse brouter à l'aventure, sur les maigres gazons du parc, échappe au carnet des inspecteurs..... elle n'échappera pas à sa destinée.

Ce sera pour nous une dernière ressource ; car, à n'en plus douter, le siège tourne en blocus et nous touchons aux extrémités dont parle l'histoire des places investies.

6 novembre.

Une visite à rendre nous a menés, cette après-midi, au Mont-Valérien, le R. P. Recteur et moi. Belle forteresse, admirablement située, mais qui deviendra intenable le jour où les Prussiens s'aviseront de la bombarder. Elle n'a pas une casemate.

En regagnant Paris nous traversons le Bois de Boulogne : la route de la Muette et l'allée des fortications. Que de changements et quels changements !

Certes, il se fut estimé le jouet d'un songe le rhétoricien qui, parti au mois d'août pour la paisible province, eût refait avec nous la promenade favorite des élèves de Vaugirard. Ce bois si beau, ce jardin si riant, comme il est bouleversé, comme il mutilé ! A la place des avenues somptueuses aux larges trottoirs, au sable fin, de longues lignes grisâtres, semées de chausses-trappes, coupées de tranchées. Leurs beaux arbres, sciés par le pied, entretiennent les feux de bivouac ou présentent à l'ennemi des palissades aiguës. Çà et là, des groupes d'artilleurs, ensevelis sous leurs manteaux et veillant près d'une mitrailleuse, animent seuls le paysage attristé ; de temps à autre, les sourdes détonations de la batterie Mortemart déchirent seules le silence.

Dans Paris, spectacle plus étrange encore. Des femmes en deuil font queue aux portes des boucheries, attendant sous la pluie ou la bise l'unique ration du jour. Les hommes ont des képis, des vareuses et des bottes, et les bottes ne sont pas un luxe vu l'état d'abandon des rues et des boulevards. De rares omnibus sur les grandes voies ; plus de brillants équipages, plus de voitures aux stations, plus de trains sifflant dans les gares. Les chevaux traînent les canons ou garnissent les abattoirs ; les gares sont devenues des ateliers énormes : là, on moud le blé, on gonfle les ballons, on blinde les wagons-batteries...

Avec la nuit, un voile lugubre descend sur la ville assiégée. Depuis le 1ᵉʳ novembre le gaz est supprimé dans Paris, et Paris est bien triste sans le gaz ! Éteintes ces gerbes de lumière qui naguère embrasaient le cristal des devantures dorées ; éteintes aussi ces rangées de candélabres qui, sur les boulevards et sur les quais, s'illuminaient, chaque soir, comme pour une fête. De loin en loin, la clarté douteuse d'une lampe à pétrole pique la nuit sombre et, sous les ponts déserts, le fleuve coule terne et livide.

Tel est le tableau fidèle que présente Paris étreint par le blocus, par la misère et par la faim.

9 novembre.

Une dame âgée m'a demandé l'aumône à voix basse et s'est enfuie toute tremblante.

Il n'y a pas à en douter, une partie de la population parisienne, la classe moyenne surtout — les indigents reçoivent aux mairies des bons de fourneaux ou de cantines nationales — endure des privations inouïes.

Pendant les deux premiers mois du siège, les délicats, habitués au superflu, se plaignaient seuls. Aujourd'hui, le nécessaire manque aux plus sobres ou ne s'obtient qu'à des prix exorbitants.

Et rien ne fait espérer la délivrance.

10 novembre.

Le gouvernement vient de prendre une mesure extrême. Afin de remédier à la cherté des vivres et de prolonger la résistance, le système des réquisitions est étendu aux approvisionnements de toute nature renfermés dans Paris. Légumes secs, blés et farines, conserves et viandes salées sont enlevés au commerce : l'administration les distribuera, par rations, à des prix relativement minimes. Sont exceptés les comestibles fins, dits *mets de luxe*, qui continueront à être vendus librement, aux prix convenus entre les parties.

13 novembre.

La ration quotidienne est fixée, par tête, à trente grammes de cheval, poisson sec ou lard salé. On touche, en outre, deux cents grammes de riz, pois ou lentilles, tous les trois jours.

Jusqu'ici le pain n'est pas rationné, mais il devient de plus en plus noir.

14 novembre.

J'emprunte à plusieurs journaux un tableau des prix courants des mets de luxe pendant la première quinzaine de novembre. Malheureusement, il est véridique :

Une tête de laitue.	2 fr. 50
Un chou.	2 »
Betteraves.	2 fr. la livre
Beurre salé	15 id
Beurre frais	40 id
Un œuf	1 fr. »
Un poulet	35 »
Une dinde	75 »
Un lièvre	100 »
Une douzaine d'huîtres . . .	25 »

Les lièvres et les huîtres me font rêver...[1]

Bien entendu, ces prix fantastiques nous laissent indifférents.

Il existe, à Paris, des familles qui, depuis le commencement du siège, n'ont rien retranché à leur table. Nous ne voulons pas, nous ne pouvons pas les imiter. Quand même la règle et je ne sais quelle dignité humaine ne s'y opposeraient point, la situation financière du collège l'interdirait impérieusement. L'argent manque à Vaugirard.

A la fin de l'année scolaire, la caisse d'un collège est ordinairement vide. Pour la remplir et pour solder les premières dépenses de l'année nouvelle, on compte sur le paiement des *bordereaux* envoyés aux familles pendant les vacances. D'abord la guerre, le blocus ensuite ont retardé puis arrêté le recouvrement de ces rentrées. Le fonds de réserve, déjà entamé par les constructions des mois précédents, fut promptement dévoré par les frais de l'ambulance. Actuellement, malgré plusieurs emprunts, nous en sommes réduits aux expédients. Le R. P. Recteur vient d'en imaginer un assez nouveau : tout le lait de nos vaches que ne réclame pas le service des malades est transformé en beurre fin ; des femmes dévouées le portent

---

[1]. On a su plus tard qu'un commerce interlope existait entre les avant-postes allemands et les vagabonds qui peuplaient alors la banlieue de Paris.

Les prix indiqués ci-dessus doublèrent avant la fin du siège.

aux grands restaurants et le prix de sa vente constitue l'une des meilleures ressources de l'ambulance et de la communauté. Marchands de beurre! mon Dieu! oui, nous le sommes ; ou, si le mot paraît choquant, nous vivons, comme autrefois les patriarches et les rois pasteurs, des produits de nos troupeaux.

17 novembre.

Notre approvisionnement de viande salée touche à sa fin. Il reste encore quelques conserves, mais on les garde pour des besoins imprévus.

A midi, le repas se composait de la ration commune; ainsi en sera-t-il désormais. Nous aurions mauvaise grâce à nous plaindre, car on nous sert en plus du riz et du fromage dont le frère Oswald possède une quantité rassurante. C'est égal, le riz à la chandelle [1] fatiguera à la longue, et trente grammes de cheval, une fois cuit, ce n'est pas gros.

22 novembre.

Les jours se suivent et se ressemblent : on fait la classe, on vit à la ration et l'on attend la délivrance.

25 novembre.

Depuis deux jours, la température s'est abaissée

---

[1] Pendant les derniers mois du siège, les aliments étaient accommodés à la graisse de cheval ou au suif épuré.

brusquement. Cette nuit, le thermomètre marquait — 8° centigrades. C'est le coup de grâce ! A Vaugirard, comme dans tout Paris, le charbon fait défaut. Le peu qui en reste est rigoureusement réservé aux fourneaux de la cuisine, au calorifère de l'ambulance. Très juste et très raisonnable : mais qu'il fait froid !

26 novembre.

Toujours — 8° centigrades [1]. J'ai envie d'imiter un de mes amis qui place dans son poêle une bougie allumée et se figure que son poêle chauffe. Non, cela ne réussirait point ; je n'ai pas d'imagination.

Le Père de Plas, qui m'a vu grelotter, me suggère un autre moyen : « Pensez, me dit-il, à nos pauvres soldats qui couchent aux tranchées. » J'ai honte de le dire, ce moyen-là ne réussit pas non plus. La pensée m'attriste ; mais elle ne me réchauffe pas.

28 novembre.

Le R. P. Recteur a pris une détermination héroïque. Pour nous chauffer, nous allons brûler la maison. Style figuré, évidemment ; voici le fait.

Dans le dortoir de première division [2], les alcôves

---

[1]. L'hiver de 1870 fut exceptionnellement rigoureux. Au mois de décembre, le thermomètre descendit à — 17° centigrades et la Seine resta gelée, près de trois semaines.

[2]. Aujourd'hui, salle de réunion de MM. les abbés.

sont construites en galandage maintenu, au milieu et aux angles, par d'épais madriers de chêne. Ce système est, depuis longtemps, condamné. On va donc mettre à bas les alcôves et se chauffer avec leurs débris. Si le siège se prolonge, on attaquera le second dortoir construit de la même façon [1].

Ce sera besogne faite, à la rentrée et, en attendant, nous aurons du combustible jusqu'au mois de janvier. D'ici là, le siège ou l'hiver ou nous-mêmes seront finis, j'espère.

---

1. Aujourd'hui, grande bibliothèque.

CHAPITRE VII

« EXTRA MUROS »

Au Bas-Meudon, à trois kilomètres de Vaugirard, en suivant l'ancien Pavé des Gardes, on aperçoit, sur la droite, le pignon d'une villa d'assez modeste apparence, mais entourée d'un joli parc planté de beaux arbres et clos de murs. C'est la propriété des Moulineaux, la maison de campagne du collège.[1]

Les Moulineaux ! Est-il un ancien élève pour qui ce nom n'évoque des souvenirs de repos et de fraîcheur : les grands congés d'été, les gais plongeons, du haut des ponts rustiques, dans l'eau claire des bas-

---

[1]. Bâtie au commencement du siècle — le tzar Alexandre y établit son quartier général en 1814 — la maison des Moulineaux fut

sins aux berges fleuries, les repas du soir sur l'herbe des Montalets ?

Aussi tous nos lecteurs seront heureux de connaître ce qu'il advint, durant les mauvais jours du siège, de leur campagne des Moulineaux. J'essaierai de le raconter, si l'on veut bien me suivre un moment dans cette excursion *extra muros*.

Quand l'armée allemande approcha de Paris, une question se posa difficile à résoudre : qu'allait-on faire des Moulineaux ? Les abandonner semblait une solution très simple ; mais l'ennemi ravageait impitoyablement toute habitation restée sans maître. D'un autre côté, y laisser un Père, c'était l'exposer à mille dangers.

Provisoirement, ce fut cependant à ce dernier parti qu'on s'arrêta.

Le Père Broquet, curé des Moulineaux, s'offrait à garder la maison avec deux vieux Frères : au milieu de ses paroissiens il n'avait rien à craindre ; les Prussiens non plus, ne lui feraient pas de mal ; d'ailleurs il serait toujours temps de revenir au collège.

---

acquise, avec le coteau boisé qui la domine, par M. l'abbé Poiloup, fondateur du collège de Vaugirard, puis vendue à la Compagnie en même temps que le collège. L'abbé Poiloup s'en réserva toutefois la jouissance viagère. A sa mort, en 1861, les Moulineaux devinrent notre propriété définitive. Le P. Marin, Ministre du collège, fit alors creuser les bassins de natation et dessiner les jardins qu'il orna de statues, de rochers et de fontaines. Cette charmante campagne appartient aujourd'hui à la Société anonyme propriétaire du collège.

Tout alla bien d'abord. Mais, quelques jours après l'affaire de Châtillon, les Allemands poussèrent leurs avant-postes jusqu'au viaduc de Fleury. Les nôtres occupaient la Capsulerie. Il en résulta que les paroissiens du Père Broquet, se sentant pris entre deux feux, disparurent l'un après l'autre et que leur bon curé, isolé dans une sorte de zone neutre, repoussé de Meudon par les Prussiens, de Paris par les Français, ne sut bientôt plus comment se procurer les aliments nécessaires et se vit en péril de mourir de faim, lui et ses deux compagnons.

Une mendiante de Clamart, se risquant à traverser les lignes, leur apporta bien, un jour, de la viande et du pain ; mais la position devenait intolérable ; le 3 octobre, le Père Broquet et les Frères, dûment autorisés à franchir nos grand'gardes, rentrèrent dans Paris et rejoignirent la Communauté de Vaugirard.

A leur place, on installait aux Moulineaux un domestique de confiance, espèce de colosse à la fois débonnaire et fûté qui, pourvu de biscuit, de conserves et d'un bon revolver, promettait de défendre la propriété contre tous les maraudeurs d'Issy et de Vanves.

En effet, pendant près de deux mois, ce gardien modèle fit respecter les Moulineaux.

Mais, un matin, c'était le 25 novembre, notre homme arriva au collège entre deux soldats, la mine basse, l'air désespéré. Il venait de passer la nuit dans une casemate du fort d'Issy, sous l'inculpation d'espionnage ; il s'était réclamé du Supérieur de Vaugirard. On l'amenait à Vaugirard pour vérifier sa déposition.

Immédiatement relâché, sur nos bons témoignages, Bourgeois — j'avais oublié de mentionner son nom — raconta en détail ce qui s'était passé : la veille au soir, une bande de francs-tireurs intitulés Chasseurs de Neuilly s'était abattue sur la propriété, enfonçant les portes, cassant les fenêtres. En un instant, Bourgeois s'était vu terrassé, garrotté, puis traîné au fort d'Issy le pistolet sur la gorge. Quand il quitta la maison, les francs-tireurs saccageaient tout, pillaient tout.

Dans la matinée, un Père, muni de l'autorisation de la Place, se rendit aux Moulineaux. Il ne put que dresser procès-verbal et constater les dégâts : les appartements bouleversés, les armoires fouillées, la cave au pillage, la chapelle et la sacristie profanées. A ce moment même, des cris, des chansons mêlées au choc des verres s'échappaient de l'ancien réfectoire, où les chasseurs déjeunaient de nos cygnes et de notre vin.

M. D..., commandant des Chasseurs de Neuilly, était un officier très courtois. La conduite de ses hommes le peinait manifestement; mais, manifestement aussi, il n'exerçait sur ses hommes qu'une insignifiante autorité. Après avoir fait restituer quelques objets, il invita le Père à revenir surveiller la propriété et contre-signa le procès-verbal, donnant pour excuses : la difficulté de maintenir dans un corps franc l'exacte discipline, la licence de la guerre, les ordres reçus...

Avec ou sans ordres, les chasseurs continuèrent d'occuper et de salir la maison, agissant comme en pays conquis, allumant sur les parquets leurs feux de cuisine, maculant tentures et lambris, détruisant pour le plaisir de détruire. Ne s'avisèrent-ils pas, un jour, de pratiquer une vaste coupure dans la berge des bassins et d'en laisser écouler l'eau. Et, comme on leur reprochait cet acte de vandalisme inutile, ils répondirent fièrement qu'ils voulaient s'assurer d'une excellente position stratégique!

C'en était fait des Moulineaux, sans les événements qu'il me reste à rapporter.

Soit pour tracasser l'ennemi, soit tout simplement pour occuper leurs loisirs, les francs-tireurs avaient imaginé de percer, dans les combles, des meurtrières d'où ils s'amusaient à canarder les sentinelles en faction sur le viaduc de Fleury.

Agacés par ces tirailleries, les Prussiens ripostèrent d'abord avec des fusils de rempart dont les balles de fer criblèrent le toit et la façade du pignon d'entrée; puis, pour en finir, une colonne descendit, au petit jour, de la Maison Mexicaine, entra dans les Montalets et, filant silencieusement, par le haut du parc, jusqu'aux écuries, surprit les chasseurs qui se gardaient fort mal et les enleva sans coup férir.

Par bonheur, deux cents mobiles de l'Hérault de grand'gardes à Billancourt arrivèrent presque aussitôt avec du canon, repoussèrent l'ennemi, surpris à son tour, dégagèrent les francs-tireurs et les réintégrèrent à leur poste.

Mais les Allemands sont tenaces. Ils reprirent, le lendemain, le chemin de la veille, creusèrent une tranchée en suivant le sommet du coteau, se glissèrent dans le presbytère, dans la maison des sœurs, dans les écuries et s'y établirent si fortement qu'il fut impossible de les en déloger.

De leur côté, les francs-tireurs se relièrent à Billancourt par des tranchées longeant le mur du potager; de sorte que, jusqu'à la fin du siège, les extrêmes avant-postes des deux armées demeurèrent en présence, à portée de pistolet.

Le bien naît quelquefois du mal. Ce qui devait amener la ruine des Moulineaux fut précisément ce qui les sauva.

Si un maraudeur français ou prussien s'aventurait dans le parc pour couper du bois ou mutiler les statues, une balle sifflant à ses oreilles le rappelait immédiatement au respect de la propriété, car les Allemands ne manquaient jamais l'occasion d'envoyer un coup de fusil aux francs-tireurs, politesse que les francs-tireurs rendaient aux Allemands avec usure.

Quand, vers le milieu de mars, nous revînmes aux Moulineaux, l'intérieur des habitations offrait un tableau lamentable; mais le parc était resté intact et les arbres, les grands arbres, qui font sa gloire, commençaient à se couvrir de feuillage.

Avant de terminer cette promenade hors des murs; avant de reprendre à Vaugirard notre journal momentanément interrompu, jetons en passant un coup d'œil sur la maison Saint-Louis, le petit royaume où, naguère encore, le Père Chalet gouvernait son jeune peuple par l'harmonie et par la douceur, le sucre d'orge et l'orgue de Barbarie. Ce n'est point s'écarter du sujet de ce chapitre : par rapport au grand collège, Saint-Louis n'est-il pas extra muros ?

D'ailleurs, à Saint-Louis comme aux Moulineaux, mêmes scènes, hélas! à dépeindre : scènes de dévastation, scènes de pillage, avec le scandale et le sacrilège en plus.

Nous avons vu que, dès le commencement du siège, la maison Saint-Louis fut assignée pour cantonnement aux bataillons de garde nationale de service aux remparts. Quinze jours après, c'était un lieu d'orgies. Chaque soir, y entraient publiquement des femmes équivoques et des vins mousseux ; puis de cette enceinte, aussi pure autrefois que le saint dont elle porte le nom, s'échappaient les bruits de la danse, les clameurs et les huées de l'ivresse.

L'état-major, indigné, a congédié enfin cette milice.

Le 16 novembre, un détachement de canonniers marins la remplaçait à Saint-Louis; mais après quel lavage, grand Dieu! et quel torrent de jurons imagés contre ces renégats, contre ces païens... Sous le hangar, les crucifix arrachés des classes avaient servi de cible aux balles de revolver !

Corollaire : Si la France doit encore une fois s'armer pous défendre son territoire, que les rangs de l'armée active et de l'armée de réserve s'ouvrent largement à tous les volontaires; mais plus de garde nationale, plus de corps francs. L'unité, la displicine!

CHAPITRE VIII

DÉCEMBRE

4 décembre.

Voilà cinq jours que nous courons à travers champs : de Bourg-la-Reine à Choisy, de Choisy à Créteil, de Créteil à Champigny. Cette fois ce n'était pas une simple sortie, c'était une bataille rangée dont les diverses parties se jouaient, du sud à l'est de Paris, sur un échiquier de huit lieues. Effort suprême qui vient de se briser, mais non sans gloire, contre le nombre et la fortune.

Maintenant que la bataille est finie, que la bataille est perdue, recueillons nos souvenirs et rédigeons notre journal. Les loisirs ne nous manqueront pas, car, pour longtemps sans doute, va régner ce calme mortel plus fatigant, plus pénible que l'action.

Vers la fin de novembre, tout faisait présager une grande bataille. Un bruit vague circulait : l'armée de la Loire marchait sur Paris; on sortirait pour lui donner la main. L'enthousiasme était immense, l'élan magnifique; la célèbre proclamation du général Ducrot vint l'augmenter encore.

Une effroyable canonnade préluda, dans la nuit du 28 au 29, à l'engagement général. Dès sept heures du matin, nos ambulances roulaient sur la route de Bourg-la-Reine, point où la fusillade éclatait nourrie, furieuse. En chemin, on nous fait changer de direction : c'est aux Hautes-Bruyères qu'il faut courir, les ambulances y sont déjà encombrées. Là, pendant que sous une grêle de projectiles on nous amène les blessés, un colonel s'approche et nous dit : « Vous savez, ceci n'est qu'une fausse attaque ; en ce moment le général Ducrot passe la Marne avec l'armée de Paris. » Pour une fausse attaque celle-ci est sérieuse. Le général Vinoy commande, la division Maud'huy s'engage à fond, les soldats ont la rage au cœur.

— Vos voitures sont remplies, partez, mais revenez vite, nous manquons de transports.

A deux heures après-midi, nous sommes de retour. On battait en retraite. Le but est pleinement atteint : l'ennemi, trompé, a dégarni ses positions pour jeter trente mille hommes entre Bourg-la-Reine et Versailles.

Restait à ramasser les blessés qui jonchaient la

plaine. L'un d'eux me supplie d'aller réclamer ses camarades tombés dans les tranchées de l'Hay. J'enlève à ma voiture un drapeau blanc et je m'avance, à pied, vers les lignes allemandes. Un chirurgien militaire m'accompagne; n'ayant pas de brassard, il s'en est improvisé un avec son mouchoir sur lequel il a tracé une croix rouge avec du sang.

— Wer da !

J'agite mon drapeau, des infirmiers prussiens nous entourent : beaux hommes, veste bleu foncé, pantalon grisâtre enfoui dans les bottes ; sur la tête, un béret blanc écussonné de la croix de Genève; au côté, le sabre d'ordonnance à fourreau de cuir et, dans une gaine, un pistolet d'arçon. C'est contre la règle, mais ils sont les plus forts.

Soudain, le groupe s'entr'ouvre, se range sur deux lignes, en haie, la main au front. On a vu un officier qui s'avance. Du col aux pieds, il est enveloppé d'un manteau noir ciré; cependant, aux ornements d'or qui agrémentent son casque, je devine un officier supérieur, un major, je pense.

« Bonjour, mon curé, que nous voulez-vous ?

— Les blessés français restés dans vos lignes.

— Ceux qui sont grièvement blessés, on va vous les apporter; les autres, nous les gardons.

— C'est votre droit. »

Sur un signe et trois mots d'allemand les infirmiers disparurent. Le major se retourna vers moi :

« Vous nous avez tiré deux mille coups de canon et vous nous avez tué cinquante hommes, pas plus. Nous vous en avons mis six cents hors de combat. Pourquoi ces attaques toujours de ce côté ?

— Je ne suis pas dans les secrets de l'état-major, monsieur.

— Et, à Paris, vous souffrez beaucoup ; vous n'avez plus rien à manger ?

— Pardon, nous mangeons... très bien.

— Oh ! nous savons... nous savons tout. Cette guerre est terrible ; c'est un crime, mon curé, un crime de la prolonger !

— Eh bien ! Mais... allez-vous en ! »

Un petit rire sec et prolongé, puis le major reprend :

« Ecoutez, la guerre est finie. Votre empereur Napoléon arrive à Versailles avec ses généraux ; nous ferons la paix et nous vous rendrons votre empereur[1]. Qu'en pensez-vous ?

— Je ne m'occupe pas de politique, mais je vous crois mal informé. »

Les infirmiers revenaient portant trois soldats d'infanterie couchés sur des brancards. Ils les placent eux-mêmes dans la voiture, les étendent doucement

---

[1]. Inutile d'ajouter que le fait avancé par le major était, de tout point, inexact. J'ai su depuis que les officiers prussiens propageaient volontiers cette nouvelle pour étonner les esprits et déconcerter la résistance.

et fourrent sous leurs capotes une grosse poignée de tabac jaunâtre.

« Au revoir, mon curé ! »

Et l'omnibus s'ébranle avec d'affreux cahots sur les sillons gelés. Encore trois blessés qui seront soignés par des mains françaises !

En revenant à Paris, nous apprenons que le passage de la Marne n'a pu s'effectuer. Une crue subite, pendant la nuit, a rendu trop courts les équipages de pont amenés la veille à pied-d'œuvre. La fausse attaque a manqué son but ; les Allemands, détrompés, reportent leurs troupes vers Créteil et Villiers.... Le malheur est sur nous !

Mercredi 30 novembre, voyage inutile : de fausses indications nous égarent. On nous a dirigés sur Villejuif ; de Villejuif on nous envoie à Vitry. Pas un coup de canon de ce côté. Nous rentrons désespérés avec des chevaux fourbus.

Heureusement le Père Hériveau fut mieux renseigné. Parti, à dix heures du matin, accompagné du Père Legouis, il arriva en pleine bataille de Montmély ; ses deux voitures sont revenues chargées de blessés ; le Père Legouis a pu faire de nombreux pansements dans l'église de Créteil transformée en ambulance. C'était, nous dit-il, un spectacle déchirant que je n'oublierai jamais.

Le 2 décembre, à une heure du matin, un de nos élèves vient demander la sainte communion. Son bataillon prend, à cinq heures, le chemin de fer de Vincennes pour marcher, de là, sur Champigny.

Dans la matinée, les bonnes nouvelles arrivent. La veille, les troupes ont passé la Marne, enlevé Champigny, coupé la ligne d'investissement; on a pris deux canons. Un dernier obstacle à forcer : le parc de Cœuilly, et l'armée de Paris manœuvrera librement en campagne.

A Vaugirard, grandes délibérations : Faut-il partir; faut-il se risquer si loin ? Il faut aller à Champigny, en tout cas, puisque l'on s'y tue. Il sera temps de se décider là-bas. A tout hasard, nous plaçons dans le plus grand de nos omnibus quelques boîtes de conserves, du biscuit que nous fournissent généreusement les canonniers marins de Saint-Louis et nous partons : le Père Hériveau, le Père Clerc et moi.

Illusions, rêves de victoire, tout s'est évanoui. Quand nous sommes arrivés à Champigny, on ne combattait plus que pour reconquérir, avec l'honneur, les positions perdues; hier on se repliait sur Vincennes; à l'instant où j'écris ces lignes la défaite de l'armée de la Loire n'est plus un mystère; autour de la ville assiégée l'ennemi referme, à la hâte, le cercle d'acier un moment rompu et nous avons perdu huit mille hommes. Heureux les morts !

8 décembre.

Jour de l'Immaculée Conception, fête patronale du collège de Vaugirard.

Comme aux temps passés, le R.P. Recteur a voulu célébrer la Sainte Messe à la grande chapelle, pour les Pères et les élèves absents, pour le collège, pour la France. Une simple messe basse : ni violons ni sopranos, ni encensoirs d'or, ni fleurs ni lumières; mais jamais je n'ai mieux prié qu'aujourd'hui.

19 décembre.

Dix-huit degrés centigrades au-dessous de zéro. La Seine est gelée, la terre est couverte de neige; à part cela, rien de nouveau. Nous faisons la classe, nous soignons les blessés et nous attendons la fin, sans désespoir comme sans espérance.

21 décembre.

Une grande bataille s'est livrée ce matin, à la Ville-Evrard et au Bourget. La première à laquelle nous manquons. Nous n'avons pu y assister : de Vaugirard on entendait à peine le canon et nous étions sans ordres.

Ce soir, le Val-de-Grâce nous a fait avertir de nous rendre à la gare de l'Est, avec les voitures pour transporter les blessés que les trains amènent constamment. Parmi ces malheureux dominent les fusillers marins, braves gens qui se sont fait écharper à l'assaut du Bourget, position brillamment enlevée puis évacuée, quatre heures après, selon l'habitude.

24, 25 décembre.

« A minuit, une messe sera dite à la grande chapelle. Ceux qui auront obtenu la permission du *major* et qui désirent y assister, se tiendront prêts à onze heures trois quarts. »

Cet avis, donné par le Père Clerc à la salle des blessés, a été répété par le Père de Plas dans les salles des malades, avant la visite.

En effet, le R. P. Recteur vient de décider que la messe de minuit, cette solennité si pieuse et tant aimée à Vaugirard, serait célébrée comme de coutume. La gravité des circonstances, les rigueurs mêmes de l'hiver, la présence à ce grand acte de foi des soldats frappés à l'ennemi lui donneront, aujourd'hui, un caractère plus auguste et laisseront dans l'âme un inoubliable souvenir.

Les élèves de première division, les vaillants, ceux que n'effraient pas une longue course dans la neige à travers les rues sans gaz, ont promis de venir. Tout l'état-major du secteur, tous les officiers disponibles se sont empressés de répondre aux invitations faites. Quant à nos blessés, leur enthousiasme, leur joie naïve ne connaissent plus de bornes.

Aux pansements du matin, les vieux *trucs* employés à l'hôpital pour *carotter* au major une permission de sortie ont été mis en œuvre. « On veut y être à cette messe, on y sera, quoi ! » Et aussitôt l'autorisation accordée, chacun d'astiquer, de polir, de rapiécer, pour rendre un peu de lustre à son uniforme terni par la pluie et la boue, sillonné par le feu de l'ennemi. C'est le bon Dieu qui passe la revue, ce soir !

> Minuit, chrétiens, c'est l'heure solennelle
> Où l'Enfant-Dieu descendit parmi nous.

Largement interprétée par une voix mâle et sonore, la première strophe du Noël d'Adam s'envola sous les voûtes et le célébrant monta à l'autel.

Dans les fauteuils du sanctuaire, l'amiral de Montaignac et son état-major en grande tenue ; dans les bancs, mêlés aux élèves, cent deux blessés ou malades ; au fond de la chapelle, les Pères occupent les stalles.

La messe terminée, le R. P. Recteur se couvre de l'*huméral,* prend le saint ciboire et se place sous l'*ombrellino*. Quatre enfants de chœur l'accompagnent portant les fanaux dorés aux vitres rouges et blanches. L'orgue chante le *Pange lingua*.

Ceux de nos soldats que les blessures ou la fièvre retiennent cloués sur leur lit, ont demandé, en grâce, de communier comme leurs camarades. Pour plusieurs cette communion de Noël sera le viatique suprême.

Le cortège se met en marche, il suit d'abord le corridor du Père Préfet, puis s'engage, à travers la cour de première division, sur la neige glacée. En avant, un groupe d'élèves avec des lanternes ; viennent ensuite les blessés se soutenant, se portant mutuellement ; le R. P. Recteur, le ciboire entre les mains ; derrière lui, l'amiral et l'état-major, tête nue.

De temps à autre un éclair fend la nuit et le canon gronde : tantôt à coups réguliers, comme pour une salve d'honneur, tantôt en décharges foudroyantes. C'est Issy qui veille, c'est Montrouge qui se fâche, c'est l'armée qui salue le Maître à son passage : le Dieu de la crèche est aussi le Dieu des batailles.

Après la cérémonie, un léger repas a, selon la coutume traditionnelle, réuni les élèves dans la *Petite grande salle*. J'en lègue le menu aux âges à venir : une grillade de cheval, des amandes, des raisins secs et une tasse de chocolat à l'eau.

Réveillon d'assiégés, s'il en fût, et, pourtant, c'est du luxe !

CHAPITRE IX

SOUS LES OBUS

1ᵉʳ janvier 1871.

« Une bonne année et le Paradis à la fin de vos jours. » C'est l'antique souhait de circonstance.

L'année nouvelle sera bien méchante si elle n'est pas meilleure que son aînée ; quant au Paradis, il pourrait n'être pas loin pour plusieurs d'entre nous car, depuis cinq jours, les obus prussiens éclatent sur Paris.

Il siffle, il tonne sur nos têtes ce bombardement tant de fois annoncé, mais auquel personne ne croyait plus. M. de Bismarck, disait-on, s'épargnera une cruauté inutile ; à quoi bon jeter le fer et le feu dans une capitale dont le dernier pain noir est compté ? Vous n'entendiez rien à la philosophie allemande.

M. de Bismarck attendait le moment psychologique. Le moment psychologique est arrivé.

Le 27 décembre, quatre-vingts pièces de gros calibre ont ouvert le feu sur le plateau d'Avron et les forts de l'Est. En plusieurs endroits, les projectiles, passant par-dessus les remparts, tombent sur les faubourgs. De ce côté pourtant, l'ennemi s'est vite aperçu que ses obus n'atteindront pas la ville. Du côté sud, il réussira mieux.

5 janvier.

Notre tour est venu. Ce matin, à huit heures vingt minutes, au moment où les premiers rayons du soleil d'hiver commençaient à dissiper le brouillard, des détonations lointaines retentirent roulant sourdement de colline en colline. Nous montâmes au sommet du bâtiment Joly. A l'horizon, sur un arc de cercle passant par Châtillon, Meudon, Sèvres et Saint-Cloud, des panaches de fumée blanche jaillissent de huit points à la fois. Huit batteries puissantes, démasquées pendant la nuit tiraient à volonté sur Issy, Vanves, Montrouge et le Point-du-Jour. La riposte suivit de près l'attaque. Les forts, qui semblaient endormis, s'allument comme des volcans; les bastions 72 et 73, armés de pièces de marine, prennent aussi la parole et soutiennent les forts. Cela va nous attirer quelques coups de mitraille. Nous hissons drapeau d'ambulance, en nous remettant à la garde de Dieu.

A midi et demi, un obus tombe rue Olivier-de-Serres, derrière le parc, couvrant de ses éclats le puits et la machine à vapeur.

On tient conseil : en étude, les élèves s'agitent ; pour eux, le danger n'est rien ; grimper aux fenêtres ou sur les murs, voir les artilleurs manœuvrer les canons, voilà leur seule pensée. Comment prévenir une imprudence, un malheur ? Dans les circonstances actuelles réunir des enfants à Vaugirard n'était plus possible. Après la classe, à trois heures, on annonça aux élèves un congé illimité.

Notre année scolaire avait duré quatre-vingts jours.

6 janvier.

Deux nouvelles batteries joignent leur feu aux anciennes. Les pièces tirent tantôt sur les forts, tantôt sur les bastions du rempart. Ces derniers coups, généralement trop longs, portent sur le quartier de Vaugirard qui souffre beaucoup.

Quel bonheur que nous ayons licencié les élèves ! Cette après-midi, vers trois heures un quart, juste au temps de la récréation, un obus a éclaté dans la cour de seconde division, entre les deux premières rangées de tilleuls. Presque au même instant deux autres projectiles tombaient dans le parc, étêtant un grand arbre et labourant le vallon. Toute la soirée, une mitraille de fonte et de plomb a criblé le collège. Un de ces éclats vient de s'amortir contre le mur de ma fenêtre. Je descends et je le ramasse. J'en ferai un presse-papier.

7 janvier, 2 heures du matin.

Impossible de dormir, j'y renonce. Un bombardement est chose bien peu chrétienne ; le jour, c'est encore tolérable ; mais la nuit, c'est lugubre.

La nuit, l'ennemi pointe, à toute volée, sur la ville, par-dessus Vaugirard. Ses obus lancés deux à deux, trois à trois en même temps, fendent lourdement l'air avec des vols d'oiseaux sinistres. Leurs sifflements, j'allais dire leurs cris aigus vous crispent, vous glacent et l'âme, involontairement saisie d'effroi,

Sentant passer la mort, se recommande à Dieu.

8 janvier.

Aujourd'hui dimanche, l'ennemi a démasqué quatre nouvelles batteries. Cela fait quatorze.

Ecrasé sous leurs feux concentriques le fort d'Issy ne répond plus que faiblement. Vers midi, une batterie de campagne est venue audacieusement s'établir au pied des glacis, derrière un buisson, dans un pli de terrain que ne découvre pas le fort et, tirant à bout portant sur les embrasures, lui donne le coup de grâce.

Une heureuse bordée du bastion 73 a fait lâcher

prise à la batterie allemande ; mais cet exploit nous attire les colères de l'ennemi. En moins de dix minutes, les batteries de Châtillon et de la terrasse de Meudon ont concentré leur tir sur les remparts ; en moins d'un quart d'heure, le bastion 73 a reçu cent quarante-quatre obus; le bastion 74, plus de quatre-vingts ; le parc et les cours du collège, trois, sans compter les morceaux.

Il est trois heures ; nous sortons des vêpres et, pour gagner l'ambulance, nous traversons la cour de première division, rasant les murs, l'œil et l'oreille au guet. Cependant, un matelot canonnier s'avance, tranquillement, portant sur l'épaule un obus énorme qui n'a pas éclaté. Le Père Clerc l'arrête: « Qu'est-ce que tu nous apportes là ? — Un obus pour le *major*, mon aumônier ; il m'a dit qu'il voulait s'en faire une pendule. » Et voilà le marin qui, sans plus s'inquiéter des spectateurs, dépose son projectile à terre, devant la porte du *Dessin* et se met en devoir de dévisser *l'écrou de culot* avec un *tourne à gauche*. Autour de lui, on se regarde, on s'esquive. L'obus mal assujetti roule et se déplace; le canonnier peine : « Sans vous commander, mes aumôniers, mettez donc le pied dessus chacun de votre côté ; bon, comme ça. » Nous avons mis le pied dessus... on nous appelait, « mon aumônier », pouvions-nous faire autrement ? Vous pensez bien que l'obus n'a pas éclaté. Le major a pris son souvenir; il a donné dix francs au marin qui est parti tout joyeux en promettant d'apporter le pendant. S'il l'apporte, je tâcherai d'être absent quand on le déchargera.

La tempête d'artillerie s'est apaisée. Ce feu d'enfer n'a fait que deux victimes : un canonnier du 7ᵉ régiment et un marin de service au bastion 73, on les apporte sur des brancards. L'artilleur, qu'un obus a frôlé, est stupéfié par la commotion ; il ne cesse de répéter ces mots, traduction machinale d'une idée fixe. « Je ne sais pas pourquoi, le dimanche, ils augmentent la ration. » Le matelot est un débris humain. Un obus, en éclatant près de la pièce qu'il chargeait, lui a brûlé le visage, défoncé la poitrine, broyé les deux bras

On le place sur un lit, on s'empresse ; mais lui, ramassant son âme prête à s'échapper : « Donnez-moi les sacrements et un grog, je suis *paré* pour l'éternité. » Les assistants émus se découvrent : le Père Clerc s'approche du mourant, l'écoute quelques minutes, et le fait communier. Alors le matelot soulève doucement la tête, remercie du regard ceux qui l'entourent, prend et boit le grog qu'on lui présente, puis, retombant dans l'immobilité de la mort, expire, trois heures après, sans avoir prononcé une parole, sans avoir poussé une plainte.

Repose, heureux à jamais, dans l'éternité tranquille, humble héros ; tu meurs en paix avec Dieu et tu versas ton sang pour ton pays !

Mercredi 11.

Le bombardement produit sur les blessés, sur les malades principalement, un effet moral étrange et meurtrier. Est-ce l'ébranlement cérébral causé par le sifflement continuel des projectiles ennemis et les décharges de notre artillerie ; est-ce l'appréhension, la crainte inconsciente dominant des âmes affaiblies ? Le docteur ne saurait l'expliquer. Toujours est-il que les affections s'aggravent, que les morts deviennent plus fréquentes.

Afin de tranquilliser les esprits, de dissiper les frayeurs inavouées, on nous conseille de transférer les malades dans des endroits mieux abrités, en apparence.

Quand on porte une responsabilité si grande, il ne faut rien négliger. A partir de ce soir, les malades seront établis les uns au rez-de-chaussée, dans l'étude et dans les classes de troisième division ; le reste, dans la *Petite grande salle* transformée en vaste dortoir.

Par ordre, la communauté elle-même vient d'occuper les chambres basses et les sous-sol.

12 janvier.

A cinq heures trois quarts du matin, une formidable détonation m'a réveillé en sursaut. L'illusion du demi-sommeil aidant je me figure que la maison croule tant les murs ont tremblé jusqu'aux fondations. Informations prises, c'est un obus qui a frappé l'angle supérieur du nouveau bâtiment, c'est-à-dire le dortoir et la chapelle de l'infirmerie.

Que de ravages, que de ruines fait un seul obus! Traversant un mur de cinquante centimètres comme une simple volige, le projectile a éclaté à l'intérieur, juste au-dessus de l'autel. L'autel est en poussière, la fenêtre gothique qui le surmonte — la *signature* de M. de Joly — n'est plus qu'une ouverture béante, les alcôves voisines gisent renversées, fendues, criblées; des débris innombrables de plâtre, de vitres cassées couvrent le parquet. Par miracle, l'incendie ne s'est pas déclaré, bien qu'on trouve, projetés dans tous les coins, des tubes métalliques remplis de *roche à feu*. Saint Joseph nous protège[1]!

D'ailleurs cette égratignure me plaît, on ne dira pas que l'ennemi nous épargne.

14 janvier.

Continuation du même sujet. Volées d'obus passant sur nos têtes, à destination de Paris. De temps en temps, un de ces projectiles s'arrête en chemin, écrêtant un mur, cassant des arbres, labourant le sol. La

---

[1]. Dès le commencement du siège, le R. P. Recteur avait fait le vœu d'ériger à saint Joseph une statue si le collège était préservé de la destruction. C'est le monument qu'on voit aujourd'hui s'élever en face de la terrasse.

nuit, tapage horrible ; mais l'on s'y est fait et l'on dort. L'habitude est une seconde nature.

15 janvier.

Dans je ne sais plus quel livre, j'ai lu autrefois un chapitre palpitant intitulé : « Une journée près d'un volcan. » Ces émotions, nous les avons aujourd'hui ressenties ; cette journée, nous l'avons vécue.

Un planton remettait, vers dix heures, à l'ambulance, la dépêche suivante, portant cette mention en marge : *Communiqué.*

« Commandant fort d'Issy à 7° secteur.

« Grande poudrière découverte, conduites d'eau gelées, impossible de noyer poudres. Au premier obus, nous sautons. Attendez-vous à explosion. »

Or la grande poudrière du fort d'Issy renferme sept milliers de poudre et deux mille obus chargés. La déflagration d'une pareille masse produira, dit-on, à plusieurs kilomètres, l'équivalent d'un violent tremblement de terre accompagné d'une éruption de décombres, de fer et de feux.

Et les batteries allemandes continuent à tirer sur Issy.

Au collège, toutes les fenêtres sont ouvertes, moins pour sauver les vitres — il y aura bien d'autres dégâts — que pour prévenir une effroyable mitraille d'éclats de verre.

Enfin, la nuit est arrivée avant qu'une étincelle ait embrasé le volcan. Vingt chariots d'artillerie ont aussitôt commencé à déménager les poudres. Nous sommes sauvés. Mais quel dimanche!

20 janvier.

Hier encore une bataille, encore une défaite. Je renonce à la décrire, c'est trop douloureux.

La ration pour les adultes est réduite à trois cents grammes de pain; ou plutôt, d'un indigeste et dégoûtant mélange de son, de riz, de pois cassés, d'amidon et de paille hachée. Cassez-en un morceau, tout se désagrége et tombe, dans l'assiette, comme du sable.

Pour comble de malheur, nous n'avons plus que quelques seaux de charbon. Depuis deux jours, on essaie de chauffer les calorifères de l'ambulance avec l'asphalte brisée des hangars. Mauvais combustible: beaucoup d'odeur nauséabonde, peu de calorique.

Des pigeons voyageurs nous ont apporté la nouvelle de l'échec subi hier, à Saint-Quentin, par l'armée du Nord. Arrive également la nouvelle de la retraite de Chanzy sur la Mayenne, après les désastres du Mans. Tout le jour, on a parlementé au pont de Sèvres. La fin approche.

CHAPITRE X

CAPITULATION

29 janvier.

Tout est fini !

Vendredi 27 janvier, les termes d'une capitulation ont été définitivement arrêtés et, provisoirement, un armistice a été conclu. De part et d'autre le feu devait cesser à minuit.

Dans les forts et sur les bastions de l'enceinte, les derniers coups de canon sont partis à sept heures du soir ; mais les Allemands ne nous ont pas fait grâce d'un obus. A minuit sonnant, Meudon, Châtillon, Bagneux tiraient encore. Il fallait bien épuiser les munitions des batteries maintenant inutiles ; on est généreux quand on déménage.

A l'heure où j'écris ces lignes, lundi 29 janvier 1871, la capitulation est signée, les forts sont aux mains de l'ennemi, le drapeau impérial flotte sur Issy et sur Vanves, et, de ma fenêtre, j'entends battre les tambours allemands.

Une capitulation ! Voilà donc où ont abouti tant de sacrifices, tant de privations courageusement supportées, tant de sang répandu. Paris succombe mais vaincu par la faim, non par la force des armes. Après cinq mois de siège, après vingt-huit jours de bombardement, les forts qu'il remet à ses vainqueurs ont jusqu'à la fin riposté, pavillon haut. Durant cette longue période de blocus et de combats, il y a eu des fautes, il y a eu des crimes ; mais aussi que d'héroïsmes, que de vertus ! Pesez bien, vous trouverez la balance égale et vous direz avec l'histoire : *Gloria victis!*

Quant à nous, Pères et Frères du collège de Vaugirard, notre œuvre est terminée. Le cœur navré, nous voyons livrer à l'ennemi les armes et les remparts; l'âme inquiète, nous pressentons l'avenir; mais la conscience ne nous adresse aucun reproche, le passé n'éveille en nous aucuns regrets. Dans notre humble sphère, nous avons fait ce que nous avons pu : nous avons travaillé, nous avons souffert, avec Dieu pour la Patrie.

DEUXIÈME PARTIE

LA COMMUNE

CHAPITRE PREMIER

LA RENTRÉE DU 14 MARS 1871

Aussitôt la paix conclue, ou du moins sur le point de l'être, Paris ravitaillé et les communications rouvertes, Vaugirard reprit son œuvre première : le collège redevint collège ; des lettres envoyées aux familles rappelaient les élèves dispersés aux quatre vents du ciel ; la rentrée, pour toutes les classes, était fixée au mardi 14 mars.

Il fallait, avant tout, remettre en état la maison, assainir et repeindre les salles occupées pendant le siège par les malades ; refaire ou purifier la literie tout entière, regarnir les dortoirs, renouveler les provisions. Dans ces travaux, six semaines s'écoulèrent vite, et, le 14 mars au matin — il en est ainsi tous les jours de rentrée — on eût dit que la moitié des préparatifs restait encore à faire.

Ce soir-là, deux cent vingt-trois élèves dormirent au collège de Vaugirard.

Bien des causes expliquaient une rentrée peu nombreuse : en apprenant le blocus de Paris, beaucoup de familles avaient placé leurs enfants dans nos collèges de province, voire même à l'étranger ; ils reviendraient à Vaugirard, l'année prochaine, certainement; mais interrompre au mois de mars des études commencées, ne paraissait ni expédient ni sage. De plus, était-il si prudent de revenir à Paris ? Le calme paraissait-il donc assuré, l'horizon politique sans points noirs?

Quoi qu'il en soit, la vie de collège reprit avec entrain, le travail avec ardeur. Nos deux cent vingt élèves formaient trois divisions : la première comprenant la Philosophie et la Rhétorique ; la seconde division les Humanités, la Troisième et la Quatrième; la troisième les classes inférieures[1].

---

1. Je donne ici le catalogue des Pères du collège de Vaugirard en mars-juillet 1871.

R. P. Recteur.	P. Gravoueille.
Préfet des Études.	P. Hériveau.
Sous-Préfet.	P. Comoglio.
Ministre.	P. Marin.
Procureur.	P. Foulongne.
Père Spirituel.	P. Martin.
Professeurs : Philosophie.	P. Chabin, P. Faivre, P. Prampain.
Rhétorique.	P. de Gabriac.

Si l'on travaillait ferme, car il s'agissait, pour les élèves de Philosophie surtout, de réparer le temps perdu et d'étudier en cinq mois le programme d'une année, on s'amusait bien aussi; les deux choses vont toujours ensemble. Le bonheur était d'apprendre les événements, les péripéties de la guerre sous Paris et d'en posséder des souvenirs. A la première promenade, dès le lendemain de la rentrée, il fallut parcourir de Bagneux à Meudon les hauteurs occupées naguère par les armées ennemies. Comme ils triomphaient les vétérans du siège, en indiquant, en détaillant aux nouveaux les champs et les collines où *nous* avions combattu! Là, se trouvaient les Bavarois; là, campaient les Saxons; de cette positions, M. de Molke étudiait l'effet de ses batteries.

>..............*Juvat ire et dorica castra*
>*Desertosque videre locos*..............
>*Hic Dolopum manus; hic sœvus tendebat Achilles.*

Et quelle provision d'éclats de bombes et d'obus, de balles de tous modèles et de tout calibre fut

Professeurs :	Humanités.	P. Rousseau.
	Troisième.	P. Carron.
	Quatrième.	P. Lapôtre.
	Cinquième.	P. Ragot.
	Sixième.	P. Mangeon.
	Septième.	P. Chalet.
Surveillants :	1re Division.	P. Le Floch, P. Vitel, P. Geslin.
	2º Division.	P. de Nadaillac.
	3º Division.	P. Mangeon.
	Infirmerie	P. Salmon.

récoltée, dans cette excursion délicieuse, pour être ensuite classée, collectionnée avec amour.

Bientôt cependant, les pensées de tous, violemment arrachées au passé, se reportèrent inquiètes vers l'avenir.

L'avenir s'assombrissait, gros d'orages, plein de menaces : si les Prussiens avaient évacué les forts et les hauteurs du Sud, ils occupaient toujours les forts du Nord et nous tenaient sous leurs canons; c'était là le moindre danger : le vrai péril grandissait dans Paris même.

Pendant l'armistice, un grand nombre de bataillons de la garde nationale — bataillons démocratiques dont nous avons vu ailleurs les tendances et la tenue déplorables — s'étaient *fédérés* et avaient nommé des délégués pour former un *Comité central*. Aujourd'hui, dans quel but ? on l'ignore, ils diffèrent de se dissoudre, refusent de livrer leurs armes et veillent, le fusil chargé, près des canons transportés le 1er mars au sommet des buttes Montmartre. Certains voient en eux des patriotes aigris, des partisans abusés de la guerre à outrance ; d'autres les méprisent ; beaucoup en rient ; moi qui les connais, j'en ai peur.

Ou je me trompe, ou la guerre étrangère aura pour épilogue la guerre civile.

En sortant du réfectoire, le 18 mars au matin, je rencontrai un Père qui revenait du centre de Paris :

— Eh bien ! il y a du nouveau : des troupes sur les

boulevards, des mitrailleuses à la tête des ponts. Savez-vous ce que cela signifie?

— Une émeute ou une révolution.

Et je me rendis en classe.

Trois heures plus tard on savait tout : le gouvernement avait voulu saisir les canons de Montmartre ; les ordres donnés sans précision furent exécutés mollement; les soldats, laissés trop longtemps en contact avec la foule, mirent la crosse en l'air quand on leur commanda la charge, tirèrent sur leurs officiers quand on leur commanda le feu ; les généraux Lecomte et Clément Thomas venaient d'être saisis et fusillés ; de Montmartre, la révolte se propageait comme la flamme, les barricades s'élevaient sur tous les points, les troupes menacées d'être bloquées dans leurs casernes se retiraient sur Versailles ; les fédérés étaient maîtres de Paris.

Pauvre cher collège de Vaugirard, pour ton malheur de nouvelles pages vont s'ajouter à ton histoire.

19 mars.

Je recommence un journal ; cela en vaut, je crois, la peine. Dans vingt ans, peut-être, ces souvenirs auront leur prix.

On a décidé ce matin que les élèves habitant Paris seraient remis à leurs familles. Ils pourront revenir, provisoirement, comme demi-pensionnaires.

L'important, c'est de n'en point avoir la responsabilité pendant la nuit.

Après le déjeuner de midi, les élèves réunis par petits groupes, selon les quartiers, sont confiés à des Pères vêtus en laïque; l'ordre est de ne quitter chaque enfants qu'au seuil de sa demeure. Pour mon compte, j'en ai onze à conduire : cinq grands, trois moyens et trois petits ; terme de l'itinéraire : boulevard Haussmann.

Des voitures faciliteraient le voyage, mais il ne faut pas songer aux voitures : très rares, depuis le siège, elles ne circulent plus aujourd'hui, la plupart des rues étant coupées de barricades. Nous partons à pied : j'ai confié les petits aux grands; j'ai pris deux des petits par la main, le troisième a saisi solidement le pan de mon paletot; de cette manière je surveille tout mon monde.

C'est un dimanche et il fait beau : sur les boulevards et dans les rues une foule énorme se presse inquiète, affairée, nerveuse. Au coin de la rue de Richelieu et de la place du Théâtre-Français, des cris partent d'un rassemblement tumultueux; je vois un homme qu'on malmène, qu'on assomme :

« Qu'y a-t-il ?

— Rien, quelqu'un qu'on a pris pour un sergent de ville. »

Enfin, grands, moyens, petits, tous sont en sûreté au logis paternel. La conscience déchargée d'un tel poids, je reprends lestement le chemin du collège où j'arrive sain et sauf. Dieu merci, on ne m'a pas pris pour un sergent de ville.

A mon retour, j'ai appris que les autres Pères avaient également rempli leur mission, sans encombre. Un grand bonheur! Mais il nous reste sur les bras cent vingt élèves de province. Qu'allons-nous en faire?

20 mars.

Le dernier régiment, cantonné au Luxembourg, vient de quitter Paris. Étonnés, au premier moment, de leur facile victoire, les fédérés s'organisent : le Comité central, installé place Vendôme, à l'état-major de la garde nationale, envoie partout des ordres, assure son autorité, fait occuper les forts. De son côté, le vice-amiral Saisset appelle autour de lui les bataillons de l'ordre et se fortifie dans la Bourse, son quartier général. Je ne crois pas que les bataillons de l'ordre aient le dessus.

A Vaugirard, les classes continuent. Jusqu'ici rien n'est venu directement nous menacer; le comité central a des besognes plus pressées; mais l'agitation grandit, les clubs se reforment, il suffit d'une motion, d'un cri pour jeter sur le collège une foule furieuse. Nous vivons dans des craintes aiguës. En pareilles circonstances, répondre d'une centaine d'enfants, quel cauchemar!

Toutes les mesures, il est vrai, sont prises pour leur sécurité. De solides échelles disposées au fond du parc leur permettraient, à la première attaque, de franchir le mur et de passer dans des maisons amies. Chaque nuit, autour du collège, deux Pères font le guet prêts à donner l'alarme.

Certes, de toutes ces précautions quitter Paris serait la meilleure; nous le savons bien, mais où trouver un refuge ?

21 mars.

Voilà quatre jours bientôt que le Comité central domine en maître et, chose étrange, nulle violence n'a marqué son arrivée au pouvoir. Les fédérés qui campent sur les places ou gardent les rues ne se montrent ni brutaux ni grossiers, même envers les ecclésiastiques. Depuis lundi, je vais chercher les demi-pensionnaires avec l'omnibus du collège. Or, trois des élèves que je dois prendre demeurent avenue Victoria, près de l'Hôtel de Ville. La haute barricade qui traverse l'avenue m'empêche d'arriver jusqu'à leur maison. Eh bien, ce sont les sentinelles fédérées qui se rendent au numéro indiqué, appellent les enfants et nous les amènent ! Obéit-on à un mot d'ordre ? Craint-on d'exaspérer les modérés, de les pousser à une résistance armée; ou les révolutions ressembleraient-elles à ces félins qui ne deviennent maussades et cruels qu'en vieillissant?

Une manifestation pacifique vient d'avoir lieu sur les grands boulevards. On affirme qu'elle a réussi et l'on parle de la recommencer demain. Puisse-t-elle nous assurer une nuit tranquille. En attendant, j'endosse les habits laïques, le Père Hériveau et moi sommes de patrouille, ce soir.

22 mars.

Hier, quand nous sortîmes tous les deux, le calme régnait dans les rues voisines. Vaugirard, l'honnête quartier, dormait, fenêtres et portes closes ; mais, du côté de Grenelle, nous arrivaient des sons lointains de tambour. En prêtant l'oreille, on distinguait la cadence brisée du rappel : un bataillon prenait les armes ; marchait-il contre nous ? il importait de le savoir.

Rue Croix-Nivert, un fédéré, sac au dos, musette en bandoulière, fusil sur l'épaule, s'avançait titubant ; nous l'accostons ; heureusement il a le vin tendre :

« Où allez-vous donc, comme cela ?

— Moi, je vais rejoindre le bataillon, puisqu'on bat le rappel.

— Oui, mais où va-t-il, le bataillon ?

— Il va place Vendôme, et moi aussi je vais place Vendôme, puisque le bataillon...

— Sans doute, et vous allez vous battre ?

— Dame, cela dépend, je ne sais pas ! Moi, je ne

suis pas sanguinaire. Une supposition, n'est-ce pas ?
— et ce disant, il m'attrape par un bouton de mon
pardessus — une supposition, voilà votre père, il est
dans les affaires et vous êtes son fils ; eh bien, une
supposition, je vous tue, qu'est-ce que je fais ? Je fais
un orphelin !

— C'est évident, bonsoir !

— Bonsoir, vous savez, nous allons place Vendôme !

— Oui, oui, merci. »

Et nous rentrons au collège dire aux surveillants
inquiets le mot de veille des crieurs du moyen âge :
Dieu vous garde, dormez !

« Vous savez, nous allons place Vendôme ! » Je n'ai
compris qu'aujourd'hui le sens sinistre de ces paroles.

La seconde manifestation pacifique devait avoir
lieu cette après-midi. Il serait bon de savoir ce qui
s'y passera, m'a dit le Père Recteur. A tout hasard,
je saute dans l'omnibus ; sur le boulevard, je me renseignerai. En chemin, un officier de marine que
j'avais connu au secteur monte et vient s'asseoir à
côté de moi. Il est en tenue :

« Vous allez à cette manifestation ? lui dis-je.

— Oui et non ; je vais voir.

— Vous n'approuvez pas l'idée ?

— Non, c'est une sottise. Quand on a affaire à des
émeutiers, à des rebelles, on ne proteste pas, on se
cache ou l'on se bat. »

Nous sommes arrivés à la rue de Richelieu, deux charrettes renversées l'obstruent. Le cocher hésite. « Prenez la rue Saint-Honoré. » Rue des Petits-champs, la foule est si compacte qu'avancer d'un tour de roue n'est plus possible. Nous descendons. A peine avions-nous fait quelques pas dans la direction de la rue de la Paix, qu'une détonation retentit pareille au bruit d'une toile qu'on déchire ; des coups de feu isolés la suivent ; en même temps, des cris s'élèvent : cris de douleur, cris d'indignation : « Au secours, trahison, assassins ! » une effroyable poussée se produit, on court, on se sauve, la rue se vide...

Que s'est-il passé ? C'est horrible : la manifestation, après avoir parcouru les boulevards a voulu pénétrer sur la place Vendôme et protester devant l'état-major. Des bataillons choisis d'avance gardaient la place ; sur l'ordre du Comité, ils ont tiré dans le tas. Les blessés et les morts jonchent la rue de la Paix ; nous aidons à relever les victimes [1].

Cependant, un bataillon de l'ordre, rangé en bataille place de la Bourse, restait immobile, l'arme au pied.

Au collège, la nouvelle de cet attentat sanglant a vaincu les dernières hésitations. La nécessité de

---

[1]. J'appris, le lendemain, que dans leur nombre se trouvait un élève de Vaugirard, Paul Odelin, lieutenant au 6e mobiles de la Seine ; il portait le drapeau et fut frappé l'un des premiers.

quitter Vaugirard et Paris s'impose ; on cherche un asile. En attendant, dès demain, les élèves iront coucher aux Moulineaux.

26 mars.

Les événements se précipitent : le Comité central vient de procéder à l'élection d'une *Commune* de quatre-vingt-seize membres centralisant tous les pouvoirs et siégeant à l'Hôtel de Ville.

De son côté, l'Assemblée nationale réunie à Versailles, le 20 mars, a rompu toute négociation avec les insurgés et rassemble des troupes.

Entre la France et Paris la lutte semble imminente.

Enfin, nous allons partir emmenant avec nous le reste des élèves de province et bon nombre d'élèves de Paris que leurs parents n'osent garder près d'eux, dans la capitale menacée des horreurs d'un nouveau siège et des horreurs plus grandes de l'anarchie.

« Prenez-les, nous disait, ce matin, un père de famille après avoir embrassé ses deux enfants, je les remets entre vos mains ; où vous irez, ils vous suivront, serait-ce en Amérique. »

Il n'est pas question, jusqu'ici, d'aller si loin.

Décidément, c'est aux Moulineaux que nous fixons nos pénates fugitifs. Quelques esprits timides ont bien représenté que, en cas de lutte armée, cette maison se trouverait fatalement placée entre deux feux ; mais un général, consulté, a répondu que jamais les fédérés ne s'avanceraient si loin et que nous serions là « en sûreté, comme dans une église ».

Lundi 27, les classes commenceront aux Moulineaux. Deux Pères, avec quelques domestiques sûrs, resteront seuls à Vaugirard.

CHAPITRE II

AUX MOULINEAUX

29 mars.

Vous figurez-vous un collège en villégiature ? Vaugirard émigré y vit, depuis deux jours, et s'y trouve à l'aise... moralement, car, pour être véridique, on est un peu serré.

Comment le Père Marin a-t-il pu, dans la maison des Moulineaux et dans ses dépendances, installer, avec tous ses services, un collège de cent vingt-six élèves, dont quatre-vingt-un pensionnaires ? Problème en apparence insoluble et pourtant habilement résolu.

Aux Montalets, couche la première division — les grands qui n'ont pas peur la nuit — en compensation, leur salle d'étude est la plus belle pièce : le salon à glaces du rez-de-chaussée. Dans les greniers à foin de l'écurie, dans les grandes chambres du presbytère, on a dressé des lits pour la seconde division qui travaille, tout auprès, dans les classes de l'école. Enfin, les petits de la troisième division—ils sont peu nombreux — ont obtenu pour dortoir le grand salon du premier. Les classes se font dans les salles d'études et dans les chambres des Pères, situées dans les combles.

Un seul réfectoire commun : la serre ; pour lieu de récréation : le parc.

Tout cela, je l'avoue, n'est pas très confortable, mais les enfants aiment le changement, le nouveau ; on vit en famille, on vit gaiement. Le R. P. Gravoueille, à la fois Recteur et Préfet des études, — le P. Hériveau et le P. Foulongne se sont constitués gardiens de Vaugirard — applaudit au travail, à la bonne volonté des élèves. Le collège des Moulineaux est né d'hier et déjà marche à merveille.

31 mars.

Vers deux heures et demie nous avons aperçu, couronnant les hauteurs de la petite Suisse, les capotes vertes des fédérés. Aux précautions prises, on devinait une reconnaissance. Comme les avant-postes de l'armée de Versailles, des gendarmes et du canon, occupent le village et le pont de Sèvres, la moindre circonstance pouvait amener un conflit d'autant plus à craindre que les enfants se promenaient dans les environs. Aussi, la retraite des éclaireurs parisiens nous a-t-elle causé un soulagement véritable.

Il n'en reste pas moins positif que les fédérés, les *communards*, ainsi qu'on les appelle maintenant, osent très bien s'aventurer hors de l'enceinte.

Cela jette une teinte sombre sur notre idylle.

2 avril.

Encore une reconnaissance, mais plus nombreuse aujourd'hui. A neuf heures du matin, un bataillon fédéré s'est arrêté sur la place de l'octroi, poussant, de là, des partis dans tout le Bas-Meudon. Cette démonstration, coïncidant avec une forte canonnade entendue très distinctement du côté de Courbevoie et du Bois de Boulogne, ne laissait pas de nous inquiéter beaucoup. Quelques Pères affirmaient, il est vrai, que les fédérés profitaient du dimanche pour s'exercer au tir, que l'avis en avait été donné par les journaux de l'avant-veille ?... Après tout la chose était possible ; les gardes nationaux ont toujours aimé à jouer au soldat.

Une voiture roulant sur le sable, une visite aussi agréable qu'imprévue, détourna bientôt le cours de nos pensées. Le R. P. Provincial venait exprès de Versailles bénir ses enfants des Moulineaux et partager le repas des exilés.

A onze heures et demie, les élèves, la communauté tout entière, rangés en cercle aux pieds de la statue de la Sainte Vierge, écoutaient la parole émue du R. P. de Ponlevoy. Il souhaitait à chacun de nous le courage et l'abnégation dans les temps difficiles, rappelait les charmes de notre retraite et « la sécurité de l'oasis que nous avait choisi la Providence... » Une sourde décharge immédiatement suivie de quatre coups de feu secs et clairs couvrit sa voix. On tressaille, on chuchote. « Ne vous inquiétez donc pas, dit un Père, ce sont des chasseurs. » C'étaient des *Chasseurs*, en effet.

Le dîner se passa gaiement. Aussitôt après, le R. P. Provincial remonta en voiture et partit.

Il faisait un temps magnifique : une journée de printemps tout ensoleillée. De nombreux parents, venus de Paris, se promenaient dans le parc avec leurs enfants. Quand la cloche des vêpres interrompit les causeries, la plupart préférèrent attendre pour profiter encore du parloir de quatre heures.

Dans la chapelle on chantait l'*In exitu*..... Soudain, la fusillade éclate et se rapproche. Sur la place du village, les clairons des fédérés sonnent l'appel aux armes ; sur la route de Sèvres, la charge bat son rythme saccadé. Je monte à une chambre haute. Précédées d'un rideau de tirailleurs, deux compagnies de gendarmes s'avançaient au pas de course à travers les jardins. Lestement, ils occupent les enclos voisins, la maison blanche qui touche au mur du parc, derrière le potager ; et, des fenêtres, du sommet des murs, ouvrent sur les fédérés un feu calme et ajusté auquel ceux-ci ripostent par des salves affolées.

Chez nous, l'émotion est grande : à la chapelle, les élèves s'effraient et s'agitent ; dans le parc, où sifflent les balles, des cris de femmes éperdues que leurs maris abritent, à la hâte, sous les rochers, sous les grottes...

Par bonheur, l'engagement a duré vingt minutes, à peine : après avoir perdu quelques hommes, les fédérés se sont repliés sur Paris ; les gendarmes restés maîtres du terrain ont aussitôt regagné le pont de Sèvres, laissant toutefois leurs sentinelles avancées au Bas-Meudon, près du sentier grimpant des Montalets.

Quelques heures plus tard, une entrevue avec le colonel commandant à Sèvres m'apprenait les détails et la cause de cette escarmouche :

« Voici ce qui s'est passé, me dit-il ; vous savez que deux camps sont en présence : l'armée de Versailles et les insurgés ; ce matin, nous avons attaqué Courbevoie ; les fédérés, de leur côté, ont poussé une reconnaissance sur Meudon et Sèvres ; un de leurs partis a rencontré, près des Moulineaux, quatre chasseurs d'Afrique détachés en éclaireurs ; trompés par des signes d'amitié, les chasseurs se sont approchés de confiance, ont reçu à bout portant une décharge qui leur a tué un cheval, ont riposté avec leur carabines, puis, courant le galop jusqu'à Sèvres, sont venus demander vengeance. Nous avons cru devoir donner une leçon à ces fédérés; vous connaissez le reste. »

Et maintenant, ajouta le colonel en me serrant la main, la poudre a parlé, garde à vous !

— Mais que pouvons-nous faire ? nous serons enlevés, car les fédérés reviendront certainement.

— Je n'en serais pas étonné; dans ce cas, repliez-vous dans nos lignes, si vous en avez le temps. Pourquoi, aussi, venir vous mettre entre deux feux avec vos moutards ?

— Ah, cela.....! »

Pour plus d'un, cette nuit sera une nuit blanche !

CHAPITRE III

BATAILLE DU 3 AVRIL

Il était sept heures vingt minutes. Je sortais de la salle de billard devenu le réfectoire de la communauté et je me disposais à monter à ma chambre pour corriger des copies, quand des coups violents accompagnés de cris furieux retentirent à la petite porte du parc.

Le Père Comoglio, qui se promenait tout auprès, s'avance et ouvre : les fédérés remplissaient le chemin ; un gamin en blouse dit : « C'est là ; » et une troupe armée se précipita à l'intérieur.

Singulier mélange que cette troupe : un carnaval bigarré de tous les uniformes, depuis la vareuse du mobile et le pantalon rouge des soldats déserteurs jusqu'à la capote verte ou grise des fédérés et au dolman brun à brandebourgs noirs des *Amis de la France*[1]; un armement disparate : chassepots, sniders, remingtons et fusils à piston. L'officier qui la commande, le lieutenant Châtelet — ainsi l'appellent ses hommes—s'approche, le revolver au poing, le sabre nu :

« Où sont les gendarmes ?

— A Sèvres, je crois.

— C'est faux, vous les cachez ici ; nous allons fouiller la maison, visiter vos souterrains ; si nous découvrons un seul gendarme, vous serez tous fusillés. Marchez devant ! »

Debout sur le seuil de la porte, le R. P. Recteur, accouru au bruit, proteste énergiquement contre ces violences illégales, contre l'invasion de son domicile. Le lieutenant lui porte son revolver à la figure :

« Pas de protestation, entends-tu ; nous sommes des citoyens, nous ne sommes pas des voleurs. Si l'on ne trouve rien de suspect chez toi, on ne touchera pas une feuille de tes arbres ; si tu caches les gendarmes, tu en réponds sur ta... tête ! Allons, place !

— Mais nous avons ici des élèves, des enfants qui nous sont confiés...

— Des enfants ? oh ! nous ne faisons pas de mal aux enfants ; ce sont les gendarmes, les Jésuites qui

---

1. Corps de francs-tireurs composé d'étrangers résidants à Paris, qui s'était formé pendant le siège.

font du mal aux enfants! Eh bien, faites-les sortir, enmenez-les où vous voudrez, ces enfants ; allez avec eux puisque vous en êtes chargé; mais il me faut quatre d'entre vous, quatre otages qui paieront pour les autres. Voyons, citoyens... Je me trompe, vous n'êtes pas dignes de porter ce nom. Voyons, messieurs, qui est-ce qui se dévoue?

Le Père de Gabriac, le Père Marin, le Père de Nadaillac et moi se présentent aussitôt.

Cependant, les élèves de première division qui étaient alors en étude, ceux de la troisième qui se trouvaient à la petite chapelle, sortaient par les portes vitrées de la façade. Conduits par le R. P. Recteur, accompagnés de leurs surveillants, ils allaient rejoindre à la maison d'école leurs camarades de seconde division et défilaient, sur deux lignes, devant les fédérés. Le silence régnait dans les rangs, je vous assure !

Quand le dernier enfant eut disparu : « Maintenant, à la maison, » dit le lieutenant.

Dans toutes les foules il se rencontre des gens conciliants; un fédéré prit la parole : « Dites donc, Châtelet, ces messieurs sont des canailles, c'est connu; mais ce ne sont pas des imbéciles. Ils n'ont pas caché de gendarmes dans leur maison où ils pensaient bien qu'on viendrait tout suite; s'il y a des gendarmes ici, c'est dans les souterrains qu'ils sont blottis, tout prêts à nous canarder par derrière.

— Alors, fit Châtelet, en se tournant vers nous, montrez nous les souterrains. »

Nous nous regardâmes ébahis, personne ne connaissait de souterrains dans la maison. L'étonnement parut si naturel que le lieutenant resta, un moment, déconcerté. Dans une maison de Jésuites, il devait nécessairement se trouver un souterrain; s'il n'y en avait pas, son roman était gâté.

« On pourrait aider leur mémoire, insinua un sergent alsacien qui, depuis le commencement, nous lançait des menaces et des regards pleins d'une haine froide, autrement redoutables que les emportements du lieutenant Châtelet.

— Monsieur, répondit le Père Marin, je connais la propriété, c'est moi qui l'ai en partie créée; il y a des grottes, il y a une vieille champignonnière; mais de souterrain, tel que vous l'entendez, il n'en existe point; toutes vos menaces... »

Et, comme le Père de Gabriac faisait signe au Père Marin de se taire :

« Ils nous méprisent, reprit l'Alsacien.

— Allons d'abord à la champignonnière. » commanda Châtelet.

On arriva à la champignonnière, assez vaste excavation creusée sous le coteau et dont l'entrée étroite, ouvrant dans la cour de l'écurie, paraissait fort noire et très encombrée.

— Tenez, dit le lieutenant Châtelet en présentant

au Père Marin une bougie allumée, vous êtes le doyen d'âge, à vous l'honneur de porter la chandelle et tâchez qu'elle ne s'éteigne pas dans le souterrain ; nous avons du phosphore dans nos revolvers.

Un à un, nous pénétrons dans la champignonnière qui, s'élargissant en entonnoir, laisse apercevoir une cave basse mais spacieuse. La bougie manque d'air, file et jette une lueur tremblante, incertaine. Tout à coup, j'entends derrière moi un fracas de choses cassées, un vilain juron et le bruit d'une chute. C'est un *ami de la France* qui s'abat sur un tas de pots de fleurs. Machinalement, je me suis retourné ; machinalement aussi, j'ai prononcé la phrase banale : « Prenez garde, vous allez vous faire mal ! » On ne me sait pas gré de ma politesse ; l'*ami de la France*, un étudiant tout jeune, se relève exaspéré.

« Allons donc, vous voudriez nous voir fusillés ou pendus et vous croyez qu'on se laissera prendre à vos paroles à hypocrites ! je sais ma rhétorique aussi bien que vous ; faites-nous grâce de vos précautions oratoires !

« Si on les collait au mur ? » proposa l'Alsacien.

Mais le lieutenant Châtelet n'entend pas ; manifestement, le souterrain l'inspire, il déclame :

— Voyez, tout est à double fond dans cette jésuitière ; c'est tortueux comme leur politique ; car, entendez-vous, citoyens, vous n'avez pas affaire ici à de pauvres prêtres ignorants entrés dans l'Église pour ne pas labourer la terre; vous avez affaire à des gens intelligents, très intelligents, qui ont un but et savent ce qu'ils font. Ils prennent les enfants au berceau, ils les pétrissent, ils les façonnent, ils les marient pour ainsi gouverner le monde ! » Et se tournant vers moi :

« Comment se fait-il, que intelligent comme vous l'êtes, vous ayez pris cette livrée ?

— Monsieur, quand on a le revolver sur la poitrine on ne discute pas. Je vous prierai même de remettre cette arme à la ceinture : vous gesticulez en parlant, un coup pourrait partir, et peut-être en seriez-vous fâché. »

Ces quelques mots paraissent calmer le lieutenant.

« Non, certainement, répond-il en abaissant son pistolet, je ne voudrais pas tuer un homme désarmé, pas même un Jésuite ; c'est cette robe que j'abhorre. » Puis s'adressant à sa troupe : « En route, il n'y a rien là-dedans. »

La promenade recommence; nous avons visité les grottes, parcouru le parc, sans rencontrer de gendarmes, bien entendu. Les fédérés ayant demandé s'il n'existait pas une sortie sur la route de Sèvres, nous prenons le chemin des Montalets, toujours étroitement surveillés, toujours entre deux hommes, le fusil chargé. La conversation de nos gardiens nous apprend que le détachement dont ils font partie sert à relier deux colonnes qui marchent sur Versailles, l'une par la route du Bas-Meudon à Sèvres, l'autre par le Pavé des Gardes.

Jusqu'ici, pas un coup de feu n'avait retenti. Mais au moment où nous débouchions dans l'allée haute des Montalets, soit que les sentinelles perdues aient signalé l'approche des têtes de colonnes fédérées, soit que des coteaux voisins, on ait vu briller les armes de notre escorte, deux obus passèrent en sifflant sur nos nos têtes et la fusillade éclata.

« Vive la Commune ! » cria Châtelet, en levant son képi.

Une cinquantaine de fédérés, s'embusquant derrière les arbres ou sur les rochers des grottes, se mirent à riposter, au jugé; le reste, le lieutenant en tête, descendit dans la prairie, se dirigeant vers la porte cochère.

« Avancez, nous dit le chef; vous allez ouvrir cette porte; si les gendarmes sont là, vous recevrez les premiers coups; tant pis !

Nous entendîmes les baïonnettes se croiser derrière notre dos; ce ne fut pas, je l'avoue, sans élever l'âme à Dieu que nous ébranlions les battants de la porte.

Elle s'ouvrit toute grande : en face de nous, suivi d'un régiment fédéré, le député Razoua, à cheval, l'épée à la main, interpelle ses hommes.

« Eh bien ! Qu'avez-vous trouvé ?

— Rien, dit le lieutenant, rien que des Jésuites; en

voilà, je vous les présente. Il faut vous dire que, en somme, ils se sont montrés polis.

— Compliment, répliqua un Père, que nous regrettons de ne pouvoir adresser à ces messieurs [1].

— Il suffit, reprit le député Razoua ; occupez la propriété, mais laissez ces gens tranquilles. »

Les fédérés nous ramenèrent donc à la maison en nous laissant le choix ou de rester avec les Pères qui y demeuraient gardés à vue ou d'aller rejoindre ceux qui accompagnaient les élèves. J'adoptai ce dernier parti et me rendis aux classes de l'école. J'y trouvai les surveillants fort occupés à calmer les terreurs des uns, l'effervescence et la curiosité des autres, le R. P. Recteur très inquiet sur notre sort et sur la tournure que prenaient les choses.

A ce moment, en effet, sur toute la ligne la bataille s'engageait ardente et furieuse : une batterie de pièces de sept, hissée sur les hauteurs de la petite Suisse, répondait à l'artillerie de Versailles ; les fédérés s'efforçaient de gravir la pente raide qui conduit à la gare de Meudon, arrêtés chaque fois dans leurs charges par la calme résistance, le feu meurtrier des municipaux et des gendarmes établis sur le viaduc et dans les vignes. Outre les balles qui criblaient tout, les obus se croisaient en l'air ; un de ces projectiles s'abattant

---

[1]. Dans ce récit, nous avons gazé les expressions trop crues pour être rapportées. Le reste du dialogue est textuel.

sur le toit ou crevant les murs de la maison des sœurs pouvait causer d'horribles ravages parmi nos élèves entassés.

L'idée vint alors de les transférer dans la fameuse champignonnière. Là, ils seraient à l'abri. Nos gardiens, consultés, acceptèrent la proposition, accompagnèrent les enfants jusqu'à l'entrée de la cave et placèrent deux sentinelles à la porte des écuries, nous permettant de circuler dans la cour, mais ne laissant personne y entrer ou en sortir.

Si nos pauvres enfants n'avaient plus à craindre le boulet ni la mitraille, il s'en faut que leur situation fût devenue tolérable. Dans cet obscur réduit, où ils se tenaient courbés ou accroupis, l'air manqua bientôt. A tour de rôle, chacun s'approchait de l'ouverture, respirait pendant quelques minutes, puis, cédant sa place à un autre, retournait au fond du trou noir. Ajoutez que tous avaient faim, l'invasion ayant eu lieu, comme je l'ai déjà dit, un moment avant sept heures et demie, heure réglementaire du premier déjeuner.

N'y aurait-il pas moyen d'aller chercher des provisions pour nos affamés ?

Après quelques rebuffades, les sentinelles se laissent attendrir : deux Pères sortent de la cour, pénètrent dans la maison et reviennent avec des domestiques chargés de paniers de vin, de pain, de fromage ; ils sont accueillis par des cris de joie.

Cet incident a détendu les rapports, déridé les fronts ; la conversation s'engage : nos gardiens ne sont pas méchants, ils combattent pour leur convictions ; mais ils ne veulent de mal à personne et trouvent qu'on nous a traités un peu durement ; pour nous le prouver... ils prendraient volontiers un verre de vin.

On leur sert une copieuse rasade ; mais, pendant qu'ils font rubis sur l'ongle, survient un personnage à la mine hargneuse, au ton rogue ; du reste, vareuse et képi de simple fédéré :

« Citoyens, je vous rappelle qu'il a été formellement interdit de rien accepter dans cette maison, et vous messieurs, je suis délégué du Comité central et je vous défends de rien offrir à ces hommes ! »

A peine avait-il tourné le dos qu'un des gardes s'approche et, haussant les épaules :

« Il dit qu'il est délégué du Comité central, ce n'est pas vrai ; c'est mon cordonnier... Seulement, je vais vous dire, on nous a prévenus que le vin des Jésuites était empoisonné... mais moi, je n'y crois pas, j'en ai déjà bu un verre et, ma foi, j'en boirais bien un autre... »

Depuis trois heures le combat durait ; depuis trois heures, les élèves étouffaient dans la champignonnière, quand, par la grande porte du parc restée ouverte, un franc-tireur entra en courant : « Sauve qui peut, vous autres, criait-il, les Versaillais nous ont tournés, » et il disparut du côté des Montalets.

Sauve qui peut! jamais mot magique n'eut effet plus prompt. En un instant, le peloton qui nous gardait s'est évanoui : les uns rejoignant au passage les bataillons qui descendaient le Pavé des Gardes, d'autres dépouillant prestement capote ou vareuse, glissant leur fusil sous un buisson, puis s'en allant, le nez en l'air, comme d'honnêtes ouvriers.

Cinq minutes plus tard, le gros de la troupe défilait à son tour. Nos vainqueurs du matin passaient devant nous complètement radoucis, presque honteux ; l'Alsacien lui-même paraissait dompté par le sort et le lieutenant Châtelet nous salua.

Ainsi Dieu nous délivra du mal, le 3 avril 1871. La vieille horloge du corridor sonnait midi moins un quart, l'heure de l'examen.

CHAPITRE IV

L'EXODE

4 avril.

Nous abandonnons les Moulineaux où nous ne sommes plus en sûreté.

Hier, aussitôt après la bataille, le R. P. Recteur partait à la recherche d'un nouvel asile. Il ne rentra qu'après l'avoir trouvé. Hors de portée du canon de Paris, bien loin en arrière des lignes de combat, à Saint-Germain en Laye, existait un petit pensionnat, alors, par bonheur, à peu près vide. Entre un propriétaire aux abois et un locataire pressé de conclure, les affaire vont vite : l'établissement est loué, nous y coucherons ce soir.

En temps ordinaire, déménager prendrait bien huit jours; il faut, ce matin, que tout se fasse en trois heures. Nos deux voitures de transport stationnent attelées devant la maison. Dans le fourgon, s'empilent les ornements sacrés, les livres des élèves et des professeurs, quelques ballots de linge et de vêtements; sur le chariot à fourrage, on entasse matelas et couvertures; les lits de fer, les sommiers viendront plus tard.

« Tout est plein, on n'y ajouterait pas une épingle, » disent les conducteurs en montant sur leur siège, et les voitures s'ébranlent lourdement.

Quant aux élèves, ils déjeunent, ils prennent des forces pour la route, car la route est longue et devra se faire à pied, le service des trains demeurant suspendu dans la zone occupée par les troupes belligérantes. Qu'importe, les enfants marchent à merveille; ils trouveront à Versailles un repas préparé chez les Pères; après cette étape, ils gagneront facilement Saint-Germain. Les voilà qui forment leurs rangs et qui récitent l'*Ave Maria* devant la Vierge; l'air est frais, le soleil clair, une belle promenade effacera les émotions de la veille. Heureux voyage, et à ce soir!

Avant de s'éloigner pour longtemps peut-être, car un second siège de Paris semble désormais inévitable, le R. P. Recteur a décidé de retourner une dernière fois à Vaugirard. L'entreprise ne laisse pas que d'être hasardeuse, mais il faut donner du courage et des ordres aux gens dévoués qui garderont le collège en notre absence; il faut revoir les Pères Hériveau et Foulongne; il faut, à tout prix, sauver l'argent qui reste en caisse. Nous en aurons tant besoin là-bas.

Donc, pendant que les élèves cheminaient sur la route de Sèvres, tous les deux, nous roulions vers Paris. Au loin, du côté de Châtillon, tonne le bruit d'une bataille : voilà qui ne facilitera point notre expédition ! La porte de Versailles est pourtant franchie sans encombre : à peine quelques regards curieux plongés dans ce coupé un peu trop aristocratique pour la circonstance. Espérons qu'il ne sera pas plus difficile de sortir de Paris que d'y entrer.

Grand émoi au collège; un décret d'hier a déclaré tous les biens des communautés confisqués au profit du gouvernement municipal : en vertu de cette législation, de nombreux citoyens considèrent la maison comme une mine où ils prétendent puiser à leur gré, et, à notre arrivée, nous trouvons le Père Hériveau évoquant tous les arguments de sa logique pour convaincre un capitaine fédéré qu'il ne pouvait, sans ordres supérieurs, s'approvisionner chez nous des effets de couchage dont sa compagnie avait besoin.

Il était temps d'agir. Le Père Foulongne et le Père Hériveau, qui ne quitteront le collège qu'à la dernière extrémité, prennent chacun dans la caisse un rouleau d'or; le reste, enfermé dans un petit sac de cuir noir, est remis au R. P. Recteur. Trente mille francs, environ, titres et métal, voilà tout l'héritage que le collège de Vaugirard léguait au collège de Saint-Germain, son dernier nouveau-né.

Encore faut-il que cet héritage lui parvienne; nous allons tâcher de nous montrer bons tuteurs.

Le Frère Joachim a pris place sur le siège, le Frère Mouly tient les guides : le Frère Mouly, mon vieux cocher de l'ambulance ; ce n'est pas quelques coups de feu qui lui feront peur. Pour éviter d'être arrêtés à la porte de Versailles où l'on pourrait nous reconnaître, malgré nos habits laïques et nos barbes, nous passerons par la porte de Vanves, nous gagnerons ensuite le Pavé des Gardes et la route de Sèvres.

A la porte de Vanves, nous passons sans obstacle ; mais en redescendant à Issy, nous tombons au milieu d'un bataillon fédéré qui occupe la place de la mairie et la rue. Deux hommes se jettent à la tête du cheval. Pendant que le Père Gravoueille dissimule le précieux sac sous un pan de son mac-ferlane, je saute de la voiture et je parlemente :

« On ne passe pas !

— Je le vois bien.

— Vous vous sauvez de Paris ?

— Non, je retourne chez moi.

— Où demeurez-vous ?

— A Saint-Germain.

— Vous devez appartenir à un bataillon de la garde nationale de Paris; quel est votre bataillon ?

— Mais, puisque je demeure à Saint-Germain,

comment voulez-vous que j'appartienne à la garde nationale de Paris ?

— C'est juste ; ainsi vous n'êtes inscrit dans aucun bataillon ?

— Je puis vous le certifier.

— Et le citoyen qui est dans la voiture ?

— C'est mon père.

— Enfin, vous ne passerez pas par ici, la route du Bas-Meudon n'est plus libre ; vous feriez mieux de rentrer à Paris.

— Peut-être, mais il faut absolument que je sois à Saint-Germain ce soir. Si la route du Bas-Meudon n'est pas libre, nous prendrons un autre chemin. Vous n'avez pas pour consigne d'empêcher les gens d'aller à Saint-Germain, je suppose ?

— Allez au diable !

— Merci. »

Sur un signe, le Frère Mouly a fait tourner ses chevaux, et nous partons à fond de train. En tournant Châtillon, où l'on se bat toujours, nous gagnons Bagneux, Sceaux, Versailles. Le soir, vers neuf heures, le bienheureux sac arrivait sain et sauf à domicile.

A notre retour, on nous raconte une histoire qui me donne encore le frisson.

Comme je l'ai dit plus haut, les élèves, partis à pied le matin, se rendaient à Versailles par le Bas-Meudon, Sèvres et Chaville. En tête, s'avançait la première division conduite par les Pères Vitel[1] et Le Flock; venaient ensuite, à quelque vingt pas d'intervalle, la seconde et la troisième division, moins nombreuses. De loin, cet ordre de marche figurait assez bien la disposition d'une pointe d'avant-garde.

Excités par cette course matinale, par les effluves printanières, nos enfants, insouciants de tout danger, devisaient joyeux. Tout à coup, au détour de la route, se dresse devant eux un gendarme, la pâleur au front, la voix tremblante; derrière lui, en bataille, cinquante hommes, l'arme prête : « Eh bien ! Quoi ? Ne peut-on passer ? » « Ah ! messieurs ; ah ! quel malheur j'allais faire ! Je vous prenais pour des fédérés ; dame ! aussi, vous marchiez en rangs et en colonne ! J'ai crié alerte, nous vous attendions, à trois cents mètres, le doigt sur la détente ; un moment de plus, voyez-vous... ah ! mon Dieu ! quand j'y pense, une décharge vous mettait trente enfants par terre ! Heureusement — un de ces messieurs s'est mouché, sans doute — j'ai vu flotter un mouchoir blanc, j'ai appelé le lieutenant qui avait une lorgnette : « Attention, ne tirez pas, a-t-il dit, j'aperçois des soutanes ; pour sûr, ce ne sont pas des fédérés... ! » et, après cela, nous avons reconnu une

---

1 Le Père Vitel, témoin oculaire de cette aventure, en a fait paraître, en 1872, une relation plus détaillée dans les *Lettres de Laval*. Je reproduirais volontiers ici ce document intéressant si son étendue ne dépassait point le cadre de ce travail.

pension... Oh! certainement, messieurs, vous pouvez passer ; mais vous l'avez échappé belle, allez ! »

Les élèves ont-ils eu conscience du péril ? Quelques-uns peut-être. En tout cas, depuis une heure, ils dorment, étendus sur leurs matelas, d'un sommeil sans rêves. Heureux âge !

CHAPITRE V

RUE DES URSULINES, N° 8, SAINT-GERMAIN

5 avril.

Les premiers rayons du jour entrant dans ma chambre par une fenêtre sans rideaux m'ont éveillé d'un affreux cauchemar où flottaient pêle-mêle des images d'enfants la poitrine trouée par les balles et des visions de fédérés plongeant leurs mains avides dans le fameux sac noir.

Tout endolori, la tête à moitié vide, je me lève du maigre matelas sur lequel j'ai si peu dormi et je cherche à m'orienter dans le nouveau collège.

Nous occupons un singulier immeuble. Entre deux cours assez vastes, s'élève un bâtiment carré, long et bas, aux murailles noirâtres, à l'aspect morose. C'est le collège, ou plus modestement, l'institution de l'abbé Boussarie. Si triste qu'il paraisse, cet établissement n'est pas trop mal aménagé, au point de vue scolaire. A droite, en entrant, au rez-de-chaussée, une pièce éclairée par trois fenêtres donnant sur la première cour, le réfectoire des Pères y est déjà installé ; à gauche, une pièce semblable sert à la fois d'étude de classe et de réfectoire aux derniers élèves de M. Boussarie : douze ou quinze moutards qui seront bientôt licenciés, dit-on. Toujours au rez-de-chaussée, mais prenant jour par des portes fenêtres sur la seconde cour plus vaste que la première, une grande salle d'étude destinée aux Philosophes et aux Rhétoriciens ; faisant suite à cette salle, un réfectoire pouvant contenir tous nos élèves et les cuisines. Au premier, quelques chambres et deux larges pièces transformées en salle d'étude. Au second étage, sous un toit mansardé, la chapelle et les dortoirs.

Malgré sa distribution assez bien conçue, ce bâtiment n'aurait pu suffire aux besoins multiples d'un collège, peu nombreux sans doute, mais où fonctionnaient toutes les classes. Par un heureux hasard, l'année précédente, M. l'abbé Boussarie avait fait élever, en bordure sur la rue des Ursulines, deux corps de logis à trois étages, séparés par un passage voûté donnant accès dans la première cour du collège. Le malheur des temps n'a pas permis l'achèvement intérieur du logis, à gauche de l'entrée ; mais celui de droite, divisé en sept petits appartements, de trois pièces et d'une cuisine chacun, est terminé. Des fugitifs de Paris ont déjà loué quatre de ces appartements ; le R. P. Recteur s'est empressé de louer le reste, c'est-à-dire : le rez-de-chaussée, un appartement au premier, un appartement au second, plus une chambre basse, dans une sorte de pavillon adjacent. Cette chambre basse n'est ni plus ni moins que la classe d'Humanités ; et le Père Rousseau, de qui je tiens une partie de ces détails, y range à ce moment des bancs pour ses élèves, car huit heures du matin vont sonner.

Cela me fait souvenir que j'ai moi-même un cours à préparer pour l'après-midi, et je me dirige vers ma chambre.

Au pied de l'escalier, le R. P. Recteur m'arrête ; il me montre le frère Bonnot, installé portier de notre immeuble, dans une étroite cuisine du rez-de-chaussée, une vrai loge. C'est à ce rez-de-chaussée que siège l'administration : chambre du Recteur, chambre du Préfet des études — vacante jusqu'ici, puisque le Père Hériveau reste provisoirement à Vaugirard — chambre du Père Provincial, entre temps, chambre des étrangers ou des malades.

« Maintenant, dit le Père Recteur, je monte avec vous. Sachez-le, la société, parmi nos co-locataires, est fort mêlée. Sur ce palier du premier étage, porte à porte avec l'appartement que nous occupons, demeure Mme la marquise d'Imécourt, sœur du général commandant à Saint-Germain ; à côté de votre chambre un ménage que je ne connais pas; au-dessus de vous, au troisième étage, un sergent de ville qui a l'air d'un bien brave homme ; il ne nous gênera pas, il est de service tous les jours. »

Renseigné de la sorte, il ne me reste plus qu'à visiter l'appartement où ma chambre est située ; c'est tôt fait : une cuisine, un cabinet, un salon, une salle à manger. Dans le cabinet, couche un Frère ; le Père de Gabriac loge dans la cuisine ; le salon, la plus grande pièce, est en même temps chambre du Père Chabin et classe de Philosophie ; moi, j'habite dans la salle à manger. Très propre, mais étroit, mais étroit ! En fait de mobilier, rien du tout, ou autant dire : une table, grande comme un buvard ; mon matelas par terre ; mes livres empilés dans un coin. Remarquez, s'il vous plaît, que je suis parmi les Pères un des mieux partagés. Préparons le cours de ce soir.

Oh ! mais... travailler dans cette chambre n'est pas possible, le matin du moins ; quel bruit, quel vacarme ! Par la porte mal jointe qui me sépare de la classe de Philosophie, m'arrivent des bouffées de syllogismes ; à travers le plancher mince, montent, en fusées, des analyses de verbes grecs ; notes claires renforcées par de lointains hourrahs. Cela m'apprend que deux classes de grammaire se réunissent, au premier, chez leurs professeurs : les élèves du Père Lapôtre étudient l'Anabase, les élèves du Père Ragot manifestent leur enthousiasme pour Alvarès. Essayez donc de lier deux idées, de tracer une ligne, au milieu d'un pareil concert. Que faire? Prendre patience. L'oreille s'habituera sans doute aux voix enfantines comme elle s'est habituée naguère aux voix du canon.

6 avril.

Tristes nouvelles, ce matin. A la rue des Postes, des Pères ont été arrêtés, incarcérés ; le bruit court que Vaugirard est occupé par les fédérés.... ; le Père Hériveau serait entre leurs mains, le Père Foulongne activement recherché dans le quartier.

« Mieux vaut savoir la vérité tout de suite ; consentiriez-vous à partir pour Paris ? me dit le père Gravoueille que je rencontre soucieux, la lettre à la main.

— Très volontiers.

— Alors, voici ce que vous feriez : vous savez que nous manquons de lits et de beaucoup d'autres choses qui peuvent, d'un jour à l'autre, être pillées aux Moulineaux. J'ai fait atteler le fourgon et le chariot; vous tâcherez d'arriver à la propriété, le frère Oswald et Bourgeois chargeront les voitures et les ramèneront ici; ensuite, vous entrerez dans Paris comme vous pourrez et vous reviendrez...

— Comme je pourrai, c'est entendu. »

8 avril.

Me voici de retour dans ma cellule de Saint-Germain

que je trouve ornée d'un superbe lit de fer et d'une bonne table de travail. Amélioration précieuse, car j'ai beaucoup à écrire pour mettre au courant mon Journal.

Jeudi, 6 avril, à neuf heures du matin, je m'asseyais, près du frère Oswald, dans le coupé du fourgon. Bourgeois, le fidèle gardien des Moulineaux pendant le siège, conduisait le chariot. Deux hommes qui ne me laisseront pas en route ! Cette pensée m'a rendu très brave. En toute expédition tant soit peu aventureuse, c'est une force de se sentir bien accompagné.

Marly, Bougival, la Malmaison, Saint-Cloud, Sèvres ; nous approchions du but, mais l'heure des difficultés approchait aussi : qui trouverons-nous maître des Moulineaux : Paris ou Versailles ? Tel était le point d'interrogation qui grandissait, de plus en plus inquiétant, à chaque tour de roue.

Brusquement la question se trouva résolue.

Trois cents mètres à peine nous séparaient encore du grand mur grisâtre des Montalets quand deux sentinelles, deux soldats d'infanterie, nous crièrent d'arrêter. On parlemente :

« Nous allons tout près d'ici, à cette propriété dont vous voyez les arbres.

— Possible, mais on ne passe pas.
— Pourquoi ?
— C'est la consigne.
— Appelez l'officier de grand'gardes. »

Un jeune lieutenant sortit d'une maison voisine; il paraissait mécontent d'être dérangé et s'approcha sans se presser, la cigarette aux lèvres :

« Si vous demandez à passer, messieurs, c'est inutile; des indiscrétions ont été commises, des renseignements donnés à l'ennemi; personne désormais ne doit franchir nos lignes; l'ordre est formel.

— Mais, mon lieutenant, nous venons, avec ces voitures, enlever le mobilier d'une maison dont nous avons été chassés par les insurgés. Il me semble...

— Je ne laisse pas discuter mes ordres, monsieur. »

Il est dur d'échouer si près du port. Je saute à terre, décidé à risquer les grands moyens et, rejoignant l'officier qui se retourna moitié stupéfait, moitié furieux :

« Monsieur, je peux vous dire en particulier ce qu'il ne me convenait pas de crier devant vos hommes. Je suis un Père jésuite de Vaugirard et, si je porte l'habit laïque, c'est que je vais tenter de pénétrer dans Paris pour savoir des nouvelles de plusieurs Pères que l'on croit au pouvoir des fédérés. Les voitures qui sont là doivent rapporter, ce soir, à Saint-Germain, les effets de nos élèves chassés dernièrement de notre villa des Moulineaux; vous pouvez les faire accompagner. Quant à moi, je vous prie de me croire sur parole, car vous comprendrez que je ne porte aucune pièce de nature à me compromettre dans Paris; toutefois si vous voulez bien vous, contenter de ceci...

et j'ouvris un petit médaillon renfermant une relique de saint Ignace.

Durant cette révélation, la figure du lieutenant avait reflété toutes les nuances du doute et de l'étonnement ; à la fin, elle s'éclaira d'un franc sourire :

« Je vous crois, dit-il, et vous allez passer, mon Père. Je n'ai pas l'honneur d'être un de vos élèves, mais j'en ai connu plusieurs de la rue des Postes ; ils m'ont fait vous aimer. Certes, mes ordres sont sévères ; je puis pourtant les interpréter et je m'en voudrais toute la vie de mettre obstacle à votre mission.

Dix minutes plus tard, nous entrions aux Moulineaux.

Rien n'en troublait le calme. Les Pères Broquet, Martin et Salmon continuent d'y vivre en paix depuis notre départ. Les insurgés ne sont pas loin, mais ils n'ont pas reparu ; la proximité de l'armée de Versailles et la leçon du 3 avril les rendent circonspects. Pendant qu'on chargeait les voitures, quelques coups de feu d'avant-postes rompirent seuls le silence.

Voilà comment les élèves de Saint-Germain couchèrent dans leurs lits et comment j'écris sur une table plus grande qu'un buvard.

Restait à exécuter la seconde partie de mon programme : entrer dans Paris.

Après un dîner de jeudi saint partagé avec les Pères, j'agraffai mon ancien brassard d'ambulance et je me dirigeai vers Issy.

Mille difficultés pouvaient s'élever sur la route; par un rare bonheur, je n'en rencontrai aucune. Pas d'observation à la barricade de la Capsulerie, pas d'interrogatoire à la porte de Versailles; aurais-je donc l'air d'un communard? Quoi qu'il en soit, j'étais dans la place, j'allais savoir ce qui se passe au collège. Je ne le sus que trop tôt : devant la grille des sentinelles fédérées se promenaient à pas lents... les décrets de confiscation sont exécutés, Vaugirard est au pouvoir de la Commune de Paris.

Que sont devenus les Pères, le Père Hériveau est-il donc arrêté, comme on nous l'a dit? Pénétrer dans le collège, en plein jour, questionner les domestiques serait une imprudence inutile. Chez nos amis, je m'informerai plus vite et mieux.

Dieu merci, je reçois partout des nouvelles rassurantes. Rue Blomet, un fournisseur m'assure que les Pères, avertis à temps, ont pu fuir avant l'arrivée des délégués de la Commune. Rue de Sèvres, chez la mère d'un élève, j'apprends des détails plus précis, plus certains. A ce moment, le Père Hériveau doit être en sûreté à Saint-Denis, d'où part chaque jour la diligence de Saint-Germain. Une dame l'a conduit à la gare du Nord, lui a pris son billet et ne l'a quitté qu'après l'avoir vu installé dans un train en partance. Des fédérés lui demandèrent son acte de naissance ou son contrat de mariage; mais sa barbe et ses cheveux grisonnants témoignant assez de son âge[1], on le laissa partir. Quant au Père Foulongne, il a réussi à dépister les recherches en changeant de quartier et se trouve également hors d'atteinte.

Ce qui n'est que trop vrai, c'est l'arrestation des Pères de la rue des Postes et leur emprisonnement à la Conciergerie. Quelle lamentable histoire !

Je n'avais plus rien à faire dans Paris; mais il était tard, les portes fermaient à la tombée du jour, et toutes les nuits, la surveillance s'exerçait plus active au dehors. D'ailleurs, une idée fixe me poursuit : je veux entrer au collège ; je veux revoir encore une fois Vaugirard.

Il faisait nuit noire quand, profitant d'une altercation des sentinelles avec un fédéré ivre, je poussai résolûment la poterne entre-bâillée. Dans la loge du portier, des gardes nationaux fumaient et jouaient aux cartes en buvant notre vin. Me virent-ils passer ? me prirent-ils pour un autre, pensèrent-ils que j'avais parlé aux factionnaires ? Je ne sais; mais aucun ne m'adressa la parole. Devant la porte du parloir, des domestiques causaient avec un groupe de fédérés; tous me reconnurent et, sans broncher, tous me saluèrent d'un « bonsoir citoyen ». Enfin, je rencontrai l'un d'eux avec qui je pus m'entretenir sans témoins. Il me raconta l'invasion du collège, deux

---

[1]. Les hommes âgés de plus de quarante ans pouvaient seuls quitter Paris.

jours auparavant, la déception et les colères des gens de la Commune quand ils ne trouvèrent dans la caisse que de la monnaie blanche et du billon, les perquisitions faites, les menaces prodiguées au personnel si le Procureur n'était pas immédiatement livré.

« Et, maintenant comment vous traite-on ?

— Assez bien, il y a ici un délégué qui n'est pas méchant.

— Pourrez-vous rester au collège ?

— Mais, oui, jusqu'à nouvel ordre.

— Eh bien, au revoir, je vais faire un tour dans la maison.

— Oh ! Vous le pouvez, il n'y a personne. »

En effet, tout est silencieux dans les corridors obscurs. J'allume une lanterne : les scellés sont apposés sur presque toutes les portes, spécialement sur les chapelles, sur les sacristies, sur le cabinet de physique; ce sera le pillage, mais le pillage fructueux, le pillage organisé.

Cependant, il n'est pas bon de tenter la Providence plus longtemps; il faut que je me retire. Adieu, chère maison de Vaugirard! Je te quitte avec la douleur, mais aussi avec l'âpre jouissance que doit ressentir le marin quand, vaincu par la tempête, il abandonne le dernier son vaisseau qui sombre.

Paris est devenu une souricière : on y entre facilement, mais on n'en sort plus. Vendredi matin, à la porte de Vanves, il fallait, pour qu'on baissât les ponts, un laisser-passer de l'Hôtel de Ville. A Vaugirard on m'a permis de sortir, mais en m'avertissant charitablement que les Versaillais me feraient prisonnier, ce qui ne m'inquiétait guère, et que les sentinelles fédérées me tireraient dessus, ce qui m'alarmait davantage.

Contradictoire, en apparence, cette prédiction devait se réaliser littéralement.

Près de la Capsulerie, trois coups de feu partaient à mon adresse; près de Sèvres, la Prévôté m'arrêtait comme espion. Évidemment, les gardes nationaux m'ont manqué, chose très naturelle; et les gendarmes m'ont relâché, chose plus rare; mais, croyez-moi, tout n'est pas rose dans le métier de *reporter*.

A midi, en descendant au réfectoire, j'ai aperçu le Père Hériveau, retour de Saint-Denis, ainsi que les Pères Salmon, Martin et Broquet arrivés la veille des Moulineaux définitivement abandonnés.

De la famille, pas un membre n'a péri.

CHAPITRE VI

INSTALLATION ET SÉJOUR

Dans toute situation provisoire il y a deux partis à prendre : ne rien faire et différer toujours, sous prétexte que cela ne durera pas; c'est le mauvais parti, car cela dure souvent très longtemps et l'on est très longtemps fort mal; s'installer, au contraire, immédiatement et le mieux possible, sans indécision, sans repentirs, c'est le parti le plus sage. Nous l'avons adopté.

Seulement, de même que pour mettre la poule au pot, il faut un pot et une poule; ainsi, pour s'installer quelque part, il faut nécessairement un contenant et un contenu, un local et un mobilier.

Le local, nous en jouissons et je l'ai décrit; mais le

mobilier manque, ou du moins il est si rare, si rare, que, malgré le dernier sauvetage des Moulineaux, plusieurs parmi nous, Pères et élèves, n'ont pas même le strict nécessaire.

Quand on manque de mobilier, me direz-vous, on en achète; le raisonnement est juste, pourvu que l'argent ne manque pas en même temps que le mobilier, et c'est précisément ce qui nous arrivait à Saint-Germain.

« J'ai quarante-quatre francs en caisse, » me disait un jour le Père Hériveau, qui cumule ici les fonctions de Préfet et de Procureur : cette détresse financière s'explique très bien. Des trente mille francs rapportés de Paris, le 4 avril, la plus grosse part consistait en obligations du chemin de fer d'Orléans, aujourd'hui cotées si bas que les vendre serait une opération désastreuse. Le peu d'or et de billets que renfermait le sac noir a vite passé entre les mains des fournisseurs de la ville qui ne nous livreraient pas à crédit un paquet d'enveloppes, tant le nom de la maison Boussarie inspire une confiance... limitée.

Aussi, notre installation fut restée précaire et misérable sans de généreux dévouements dont le récit s'impose à nos reconnaissants souvenirs.

Près de Saint-Germain, dans un beau site de la forêt, aux Loges, s'élève une des trois maisons des orphelines de la Légion d'honneur. Le pensionnat, licencié depuis la guerre, n'était pas rouvert encore ; mais les religieuses de la Mère de Dieu, ses directrices, demeurées vaillamment à leur poste, occupaient l'établissement qu'elles avaient su préserver. Dès que l'on connut aux Loges l'embarras et la gêne où se trouvaient les émigrés de Vaugirard, des offres de services arrivèrent rue des Ursulines, et jamais offres ne furent plus sincères. Du mobilier appartenant à l'Etat ces dames ne pouvaient rien distraire ; mais elles disposaient du leur et elles en disposèrent avec une abnégation absolue. Pour nous fournir des tables et des chaises, elles vidèrent leurs cellules, et je crois que plus d'une sœur coucha sur la paille pour nous envoyer des matelas, des sommiers, des lits. J'omets de parler ici des voitures de légumes et de fruits qui, chaque matin, arrivaient au collège si nombreuses qu'on ne les pouvait compter, et de tant d'autres secours si discrètement offerts qu'on ne les pouvait connaître.

Vers le commencement de mai, le nombre de nos élèves avait plus que doublé et le collège, à l'étroit dans la maison Boussarie, débordait au dehors.

Ce fut d'abord tout près de cette maison et dans la même rue, au n° 14, que s'ouvrit la première annexe. Un jardin assez négligé, mais très vaste, offrait aux enfants du Père Chalet un lieu charmant de récréation et même de travail, sous les salles vertes. Les appartements supérieurs servaient de dortoirs et d'étude ; le rez-de-chaussée, moins la salle à manger, naturellement destinée au réfectoire, devenait la propriété du Frère Scharff, car, malheureusement, des indispositions nombreuses et quelques cas graves nécessitaient la création d'une infirmerie en règle. Vous pouvez penser que le Frère Scharff la monta, son infirmerie. En dépit des circonstances, il l'installa même si bien, il sut si largement arrondir son petit état, que bientôt le n° 14 reçut le nom de *Scharffopolis*.

La troisième division se trouva de la sorte, au grand bonheur des Pères Mangeon et Chalet, logée fort agréablement et surtout complètement isolée.

Plus tard, il fallut pourvoir à son tour la seconde division, non pas d'un établissement complet, mais d'un dortoir. Après bien des recherches on découvrit, rue Cloche-Perce, un ancien hôpital que la municipalité nous loua pour un prix minime. Le Père de Nadaillac y conduit tous les soirs son troupeau : huit à dix minutes de marche. C'est un peu loin quand il pleut, et il pleut souvent à Saint-Germain ; mais, les élèves de seconde division ont de grandes jambes et le Père de Nadaillac aussi.

Lentement, l'organisation du collège se complétait, s'achevait, se perfectionnait. Pour des exilés, nous n'étions pas trop à plaindre.

Personne ne se plaignait non plus — sérieusement, je veux dire, car les élèves se plaignent toujours un peu — on travaillait bien, on jouait bien, mais on s'ennuyait à mourir. Pourquoi? Ah! C'est que :

> L'ennui naquit un jour de l'uniformité,

et la vie de Saint-Germain devenait terriblement uniforme. Jamais de parloir, des lettres fort espacées, des nouvelles presque toujours inquiétantes, quand il y avait des nouvelles, et, le reste du temps, des versions et des thèmes [1]...

Mais il y avait les promenades, la terrasse, le vieux château, la forêt.

Certainement, la forêt est verdoyante ; le château très vieux; la terrasse commande une vallée superbe ; eh bien, nos Parisiens prétendent qu'après avoir, durant un mois et demi, passé deux fois chaque semaine devant le château pour prendre la terrasse qui mène à la forêt, l'enthousiasme s'éteint, le point de vue perd son charme et la verdure sa fraîcheur.

Oui, les élèves s'ennuient, mais d'un ennui parti-

---

[1] De temps à autre, cependant, une fête rompait cette monotonie. Entre toutes, la séance académique, donnée en juillet par les élèves du P. de Gabriac, est encore présente à nos souvenirs. Quelle mémoire en effet, pourrait oublier le récit plein de verve des *Tribulations d'un Garde national* par un ex-sergent du siège redevenu rhétoricien ; la délicieuse musique des chœurs d'Esther, composée par M. Arthur Coquart, et le chant de deuil, disons mieux de victoire, dédié au R. P. Olivaint, l'ancien recteur de Vaugirard, tombé, rue Haxo, sous les balles des insurgés ?

culier, complexe, où l'on trouve, quand on veut l'analyser, l'inquiétude, les regrets d'un passé meilleur, l'amour de la famille, et peut-être, chose étrange, l'absence des grandes émotions des premiers jours.

Combien de temps notre séjour à Saint-Germain se prolongera-t-il ? c'est demander combien de temps se prolongera le second siège de Paris. L'attaque est vigoureuse, mais, il faut l'avouer, la résistance déconcerte toutes les prévisions. Voilà près de cinquante jours que l'armée de l'ordre assiège vainement la capitale rebelle. Il est vrai que les Allemands y ont mis cinq mois et ne l'ont point forcée.

CHAPITRE VII

VAUGIRARD APRÈS LA COMMUNE

21 mai.

Victoire! les troupes de Versailles sont entrées dans Paris, au lever du jour; le maréchal Mac-Mahon est maître du Trocadéro, de l'Arc de Triomphe et du rond-point des Champs-Élysées; l'armée s'étend, à droite et à gauche, vers Passy et Vaugirard.

Telle était la nouvelle annoncée au son du tambour, dans les rues de Saint-Germain, le dimanche soir, entre quatre et cinq heures. Depuis le matin, des bruits de bataille traversaient la vallée. Le drame touche à sa fin, mais le dénouement sera tragique.

22 mai.

Malgré le combat furieux qui se livre, le R. P. Recteur est parti pour Paris.

On dit les troupes maîtresses du quartier de Vaugirard; peut-être pourra-t-il reprendre possession du collège, peut-être contribuera-t-il à le sauver; mais dans les dernières phases d'une lutte désespérée, les chances sont bien petites, les dangers bien grands.

De la terrasse de Saint-Germain on apercevait, cette après-midi, des tourbillons de fumée noire flottant sur Paris. Paris brûle. En se retirant devant l'armée victorieuse, les insurgés livrent aux flammes les quartiers qu'ils abandonnent. A la nuit, des lueurs ardentes enveloppèrent la grande ville, des gerbes d'étincelles jaillirent de tous les points à la fois. Parmi ces colonnes de feu, qui montaient rougissant le ciel, laquelle avait pour foyer le collège de Vaugirard ?

24 mai.

Il est sauvé, ce cher collège, et pourtant sa perte était résolue, préparée.

Hier, le R. P. Recteur, sain et sauf lui-même nous apporta des nouvelles. J'omets dans son récit maints détails poignants, maintes scènes d'horreur, pour noter d'une façon plus précise, plus sûre, les faits qui concernent directement Vaugirard.

Après mille démarches, après d'innombrables permissions refusées d'abord puis obtenues, le Père Recteur entra dans Paris, le 22 mai. Sa première pensée fut de courir au collège. Il le trouva debout. Comment avait-il échappé ? Par un heureux effet du hasard, selon les uns ; selon nous, par une protection marquée de la Providence.

Depuis trois semaines, environ, seize cents *Vengeurs de Flourens* casernés au collège le remplissaient d'ordures et d'orgies. Quand ils virent approcher la fin de leurs saturnales, ils convinrent de ne laisser derrière eux que des ruines et s'apprêtèrent à *flamber* l'immeuble au moment opportun. Dans les chambres, dans les classes, dans les corridors, nos livres déchirés, des tas de paille et de vieux papiers mêlés de paquets de cartouches furent arrosés d'huile ou de pétrole. Le long des escaliers, couraient des traînées de poudre reliant tous ces bûchers. Il suffisait de la flamme d'une allumette, du feu d'un cigare et l'édifice instantanément s'embrasait du sous-sol aux combles.

L'entrée soudaine de nos troupes dans Paris, leur manœuvre enveloppante, par les fortifications, déconcertèrent les mesures prises.

Si rapide fut l'attaque, si imprévue l'alarme, que les *Vengeurs*, oubliant leurs projets incendiaires, au milieu des effrois d'une panique immense, jetèrent leurs armes[1] et s'enfuirent sans tourner la tête.

Désormais tout danger a disparu : un détachement d'infanterie occupe le collège militairement ; la Pré-

---

1. On ramassa, les jours suivants, près de quinze cents fusils, dans le parloir et dans les caves.

vôté y siège en permanence : aussitôt la lutte terminée, on effacera les traces immondes laissées par les insurgés et, peut-être, dans quelques semaines célèbrerons-nous, à Vaugirard, la fête de son Recteur.

Après les jours noirs, comme on salue avec bonheur le premier rayon d'espérance !

29 mai.

D'amères douleurs attristent nos joies. La nouvelle du massacre de nos Pères, à la Roquette et à la rue Haxo, nous est arrivée ce matin. Pour être prévue, la catastrophe n'en est pas moins cruelle. Pour être sainte et enviée, la mort n'en est pas moins un déchirement profond. A ceux qui meurent, le ciel, le gain et la gloire ; à ceux qui survivent, la terre, la perte et les longs regrets.

Par les derniers jours de sa vie, l'une des victimes appartenait à Vaugirard. Le Père Alexis Clerc dirigeait, pendant le siège, l'ambulance des blessés ; avec quel zèle, il nous en souvient peut-être ? Plus d'une fois, aux jours de bataille, en relevant un soldat frappé à la tête ou au cœur, il m'avait dit : « c'est ainsi que je désirerais mourir. » Votre dernier vœu est exaucé, mon Père ; vous êtes tombé sous les balles ennemies, non pas, il est vrai, sur un champ de victoire, mais à côté de votre Recteur dont vous avez choisi de partager les derniers instants... Dieu vous refusait la mort du guerrier, parce qu'il vous réservait la mort du martyr.

3 juin.

« Chère maman,

« Mercredi prochain, grande sortie à Paris. Quel « plaisir de vous revoir tous ; quel plaisir de dîner « dans notre vieux collège! Les Pères n'en savent « rien ; aussi gardez-vous bien d'en rien dire; c'est une « surprise qu'on nous ménage. »

Cette lettre, moins l'orthographe, est l'œuvre textuelle d'un élève de troisième division. Si la vérité, comme dit l'Écriture, sort de la bouche des enfants, le 7 juin nous reverrons Paris et Vaugirard.

7 juin.

Grand congé. Sept heures, départ à pied, pour Saint-Cloud. Neuf heures, train spécial pour Asnières et Paris [1]. Dix heures, arrivée à la gare Saint-Lazare. Promenade dans Paris. Midi, second déjeuner à Vaugirard, visite du collège. Deux heures, les élèves qui ont des parents à Paris se rendent dans leurs familles. Six heures, rendez-vous à la gare Saint-Lazare. Départ.

Conformément à ce programme, deux cents élèves

---

1. La rupture des pont et ouvrages d'arts, nous obligeait à suivre cet itinéraire.

environ et tous les Pères du collège descendirent le matin à Saint-Lazare et se massèrent dans la cour de la place du Havre.

On nous avait avertis de ne pas traverser Paris, en rangs. Des coups de feu isolés partent encore, çà et là, des fenêtres ou des soupiraux des caves. Les haines sont ardentes et quelque désespéré pourrait, en jouant sa vie, chercher à venger, sur les élèves des Jésuites, la ruine de son parti.

C'est donc divisés par petits groupes d'une douzaine au plus, que nous accomplîmes cette première excursion dans la capitale reconquise.

Triste et lugubre tableau que celui d'une ville forcée ; plus lugubre et plus triste celui que présentait Paris, huit jours à peine après la lutte suprême. Le long des rues désertes et des maisons trouées par le canon, filent, trois par trois, des fantassins, l'arme à volonté, l'œil au guet ; de temps à autre, une patrouille de cavalerie, l'escorte d'un officier supérieur passe, au grand trot, le pistolet au poing. A chaque pas, l'œil effrayé s'arrête sur un vide énorme et noirci : c'est un quartier dévoré par l'incendie ; sur des monuments, aux toits effondrés dont les baies calcinées et rougies se découpent toutes grandes sur le fond du ciel : ces monuments se nomment l'Hôtel de Ville, les Tuileries, la Cour des Comptes. En comparaison de ces décombres amoncelés, de ces blessures béantes, qu'étaient les égratignures des obus allemands ?

« Voici Vaugirard ! le collège ! allons voir ! » Ces cris sont sortis de toutes les bouches ; pas de règlement qui tienne ; les élèves s'envolent, gravissent les escaliers, courent dans les corridors, courent dans les classes, visitent les études, les dortoirs, les chapelles. Tant d'impatience ne pouvait se contenir ; pour cette fois, le Préfet détournera les yeux bien sûr car... les Pères ont fait comme les enfants.

Oui, grâce à Dieu, il est encore debout notre collège, mais dans quel état le revoyons-nous ?

L'artillerie de Versailles l'a couvert de ses feux : trois fenêtres du bâtiment Joly ne forment qu'une seule brêche, ses toits sont criblés de mitraille et de balles [1] ; un obus de marine, pénétrant dans la chambre du Père Ministre [2], a crevé les planchers et foudroyé la chambre du Père Recteur où il a éclaté. Tout cela n'est rien ; un peu de chaux et de sable en effacera les traces.

Mais ce qui ne s'effacera qu'avec beaucoup de temps et beaucoup d'or, ce sont les pilleries, les dégâts, les ravages exercés par les agents de la Commune et par leurs soldats : plus de mobilier dans les chambres, plus de lits dans les dortoirs, plus de vin dans les

---

1. On fit dans le toit en zinc du bâtiment Joly plus de deux mille soudures.
2. Actuellement, chambre de l'aumônier, directeur de première congrégation.
3. Actuellement, cabinet de M. le Directeur.

caves. Le cabinet de physique est vide, la lingerie est vide ; les sacristies et les chapelles non seulement sont vides mais sont profanées.

Et ce qui ne s'effacera jamais de nos mémoires, ce sont précisément les inscriptions, les emblèmes impies et obscènes étalés sur les murs des sanctuaires où nous avons prié, les ignominies lubriques dont ces misérables ont souillé les autels et les reliques de nos saints, les chants blasphématoires et les parodies sacrilèges dont ils épouvantaient jusqu'à leurs complices [1].

Avant de nous être rendu compte *de visu* de l'état du collège, nous nous étions flattés de l'espoir d'y revenir achever les derniers mois de l'année scolaire.

Aujourd'hui cette illusion s'évanouit et nous re-

---

1. Je rapporte ici une scène de ce genre telle qu'un témoin oculaire me la raconta plus tard :

« Il y avait trois semaines environ que j'administrais les biens du collège, quand l'établissement fut envahi par les francs-tireurs de La Cécilia. J'eus beau me nommer, me faire reconnaître, on me répondit par des injures et des menaces. Ensuite, les francs-tireurs descendirent aux caves, en firent sauter les serrures à coups de fusil et se mirent à boire en compagnie de femmes qu'ils avaient amenées.

« Quelque temps après, un employé vint m'avertir que les francs-tireurs, à moitié ivres, avaient brisé les scellés de la grande chapelle et de la sacristie, qu'ils s'étaient affublés eux et les femmes d'ornements sacerdotaux et qu'ils dansaient en chantant la messe et les vêpres. Résolu cette fois à m'interposer, car je n'entendais tolérer ni vol ni scandales dans une maison confiée à ma garde, je me dirigeai vers la chapelle, ceint de mon écharpe de délégué. À moitié chemin,

tournons au pays de l'exil avec la triste certitude de rester à Saint-Germain jusqu'à l'époque des grandes vacances [1].

à peu près, du corridor qui y conduit, juste sous l'horloge, je rencontrai un groupe précédé d'un homme et d'une femme habillés en prêtre, la femme en vert et l'homme en violet. Je saisis l'homme et je criai : « Vous êtes ici pour défendre la République et non pour casser les portes et jouer la comédie avec des femmes. Ce que vous faites là est indigne de soldats. Retirez-vous! » Pendant que je les admonestais ainsi, quelqu'un passa derrière moi et me déchargea sur la tête un grand coup avec un pain de quatre livres. La colère me monta au cerveau, je pris mon revolver et je tirai sur l'homme en violet qui se trouva devant moi. Il fit trois ou quatre pas et tomba mort, la tête dans le jardin, le corps devant l'escalier. » (*Récit de Victor Grélier, délégué au Commerce.*)

[1]. En effet, les enfants de la première communion, pour la retraite préparatoire, et les Philosophes, au moment des examens, revinrent seuls à Paris. La distribution des prix eut lieu à Saint-Germain.

CHAPITRE VIII

VAUGIRARD RENTRE DANS SES MEUBLES

Le second jour que le R. P. Recteur passa au collège, après l'entrée des troupes dans Paris, un homme vêtu de la blouse des domestiques se présenta devant lui :

« Mon Père, dit-il, les circonstances et mes convictions politiques m'ont entraîné dans la Commune. Membre du Comité central, puis ministre ou délégué au Commerce j'ai été, dans la suite, chargé de l'administration du collège de Vaugirard et de la répartition de son matériel. Tant que j'ai agi librement, c'est-à-dire jusqu'à l'occupation du collège par les francs-tireurs de La Cécilia d'abord, par les Vengeurs de Flourens ensuite, tout s'est passé régulièrement. Les bons de réquisition indiquant où se trouve chaque partie du mobilier de l'établissement, je les ai soigneusement conservés; les voici : ils vous aideront à recouvrer ce qui vous appartient. Maintenant je me remets à votre discrétion; mon nom est Victor Grêlier, on me cherche; si je suis découvert, je serai fusillé sur l'heure; ma vie est entre vos mains. »

Dans l'âme du Père Recteur dut se livrer un combat étrange. Fallait-il sauver, fallait-il cacher sous son toit un des auteurs de cette insurrection criminelle ?

Cependant, il y avait dans le ton, dans les traits de ce malheureux un je ne sais quoi d'honnête ; puis, on n'envoie pas à une mort certaine — car la justice militaire, en ces premiers jours de combats et d'incendies, était prompte et impitoyable — l'homme qui vient, avec une confiance même calculée, se livrer à vous.

La réponse de R. P. Recteur fut ce qu'elle devait être :

« Puisque vous êtes ici inconnu, monsieur, restez-y, provisoirement du moins. Je vous assure ainsi, non pas l'impunité mais des juges. Dès que le calme reviendra, dès que les tribunaux réguliers reprendront l'exercice de la justice, vous irez vous constituer prisonnier. Ces conditions vous paraissent-elles raisonnables?

— Je les accepte et merci. »

C'est ainsi que la vie d'un des membres de la Commune fut sauvée par les Jésuites.

Toutefois, comme l'affaire s'ébruita et fut diversement interprétée, comme les journaux du temps firent quelque tapage autour d'elle, je crois utile à la vérité de reprendre en détail et d'un peu loin cette histoire. Elle vaut la peine d'être racontée.

Victor Grêlier servit en Afrique où il gagna les galons de sergent-major. Cassé pour indiscipline et, remis dans le rang, il fut peu de temps après distingué par le général Baraguey d'Hilliers qui l'attacha à sa personne en qualité d'ordonnance. Le fantassin Grêlier possédait d'instinct la science culinaire. En plusieurs circonstances il improvisa au général de si triomphants déjeuners, que celui-ci lui confia définitivement le gouvernement de sa cuisine et voulut l'emmener en Italie avec lui.

En quittant le service du général, Grêlier s'établit restaurateur, puis blanchisseur à Belleville où il acquit, par sa rondeur et son savoir faire, une certaine popularité. Porte-drapeau, pendant le siège, d'un bataillon de Belleville, élu par ce bataillon membre du Comité central et, par le Comité, membre de la Commune, il signa la proclamation de l'Hôtel de ville, mais se fit remarquer par une modération relative. Il contribua même à sauver le général Chanzy lors de son arrestation à Paris.

Du cuisinier d'autrefois la Commune fit un ministre.

Nommé délégué au Commerce, Grêlier conclut avec les Prussiens des marchés assez importants pour le ravitaillement de Paris, à travers les lignes allemandes. Plus tard, ses collègues, le trouvant trop modéré peut-être, lui confièrent la mission de présider à l'exploitation en règle du collège déclaré bien *communal* par un récent décret.

Grêlier vint donc à Vaugirard avec sa femme qu'il installa dans le salon du docteur, à l'infirmerie; lui, habitait d'ordinaire la chambre du R. P. Provincial. Ce qu'il fit au collège, pendant son règne éphémère, nous le savons par ce qui précède. Quand il vit sa cause perdue il se mêla aux domestiques restés fidèles, prit leur costume qui lui allait à ravir et se fit passer pour l'un d'entre eux. On lui sut gré alors de quelques bons offices rendus aux temps de sa toute-puissance; personne ne le dénonça.

Tel était l'homme qui se confiait à la générosité du R. P. Recteur et lui demandait la vie [1].

Au bout de quelques semaines, les exécutions sommaires ayant cessé et les conseils de guerre jugeant à Versailles, Grêlier, suivant sa promesse, fit connaître

---

[1]. Je tiens ces détails de la bouche même de Grêlier. Tous ceux que j'ai pu contrôler se sont rencontrés exacts. Un seul point est demeuré obscur, c'est l'intervention de Grêlier dans l'affaire Chanzy. J'ai bien eu entre les mains une lettre du général attestant qu'il devait son salut à l'intervention de plusieurs membres de la Commune, mais il ne se rappelait ni le nom ni la physionomie de Grêlier.

à la Préfecture de police son existence et le lieu de son refuge. Le R. P. Recteur avait, de son côté, exposé la situation à des personnages influents : « Puisque cet homme a rendu des services au collège, fut-il répondu, qu'il y reste. Il est mieux là qu'à Satory ; quand le tour de son affaire viendra, nous saurons où le trouver. »

Au collège, Grêlier resta, en effet, toujours confondu parmi les domestiques. Il voulut occuper ses loisirs, autant pour dérouter les soupçons que pour éviter l'ennui. Le ministre redevint cuisinier et, je crois pouvoir l'affirmer, remplit ces fonctions avec beaucoup plus de compétence que les précédentes. Sur ces entrefaites, Mme Grêlier internée à la prison de Clermont-sur-Oise fut remise en liberté et revint à Paris.

On logea alors les deux époux dans un pavillon isolé des Moulineaux, l'ancien presbytère. Son travail terminé, Grêlier s'y rendait tous les soirs.

Tout alla bien pendant plusieurs mois mais, à la longue, l'ex-ministre se dégoûta d'une position si humble et rêva la liberté. Son affaire n'était pas appelée ; il se crut oublié, se procura, je ne sais comment, un passeport pour la Belgique, assuré, croyait-il, d'y trouver asile et travail.

Or, on ne l'avait point oublié. La veille même du jour fixé pour son départ, un piquet de gendarmerie cerna les Moulineaux, et les malheureux époux furent arrêtés au gîte. Au procès, qui se déroula devant le conseil de guerre, on admit plusieurs circonstances atténuantes, mais le nom de Victor Grêlier se trouvait apposé à presque tous les décrets de la Commune, Victor Grêlier fut condamné à la transportation perpétuelle.

Muni des indications et des pièces fournies par Grêlier, le R. P. Recteur, avec une activité infatigable, se mit à la recherche du mobilier dispersé de Vaugirard.

Les renseignements donnés se trouvèrent exacts et précis.

Dans différentes ambulances on recouvra la plus grande partie des lits de fer, des matelats et des sommiers; les draps avaient été emmagasinés à Belleville, au lavoir de Grêlier qui se proposait sans doute de les blanchir. Le ministère du Commerce restitua le vin en futaille ; le ministère de l'Instruction publique, les instruments du cabinet de physique et du laboratoire de chimie ; quant à la bibliothèque, elle avait été transportée aux Arts et Métiers, où elle fut mise en lieu sûr et fidèlement gardée par M. Tresca, ancien élève de Brugelette, alors directeur. C'est de ses mains que le Père Recteur reçut les vingt-cinq mille volumes annoncés. Les romans et les nouveautés avaient seuls disparu.

Une importante indemnité accordée par le gouvernement, pour les dégâts subis pendant les deux sièges permit de réparer promptement les toits et les murs.

A l'intérieur, tout fut lessivé, gratté, repeint à neuf, et, quand au mois d'octobre 1871, la rentrée nous ramena nos cinq cents élèves, des épreuves du siège allemand et des souillures de la Commune il ne restait que le souvenir.

POST-SCRIPTUM

« VALE ET FLOREAS »

Avant de terminer cet ouvrage, avant d'adresser à notre cher collège un long et tendre adieu, du récit des épreuves passées, tirons un enseignement plein d'espérances.

L'adversité, qui grandit les hommes, grandit aussi quelquefois les œuvres.

Sorti des étreintes de l'année terrible, meurtri et presque abattu, le collège de Vaugirard se releva d'un essor puissant pour atteindre, en quelques années, l'époque florissante de son histoire.

Un an après les épreuves, en 1872, il comptait déjà six cents élèves et l'on reprenait les travaux abandonnés au moment de la guerre. Deux années plus tard, ils étaient achevés et, dans ce beau collège qu'on admire aujourd'hui, venaient prendre place près de huit cents élèves dont plus de six cents pensionnaires.

Vaugirard a subi de nouveaux orages; il a chancelé sous des traits plus meurtriers que les obus allemands ou français, car ceux-ci ne détruisaient que des murs, et tout au plus des hommes, tandis que ceux-là voulaient tuer une idée.

La lutte alla jusqu'à l'agonie et le vieux collège eût péri si ses amis ne s'étaient pas groupés autour de lui pour le disputer à la mort. Après une crise, dont peut-être un jour je raconterai les phases, Vaugirard fut sauvé. Il reprend maintenant, comme il a repris autrefois, sa marche ascendante et, sous de nouveaux maîtres animés de l'ancien esprit, il élèvera encore des générations d'hommes :

Avec Dieu pour la patrie !

APPENDICE

CATALOGUE DES ÉLÈVES DE VAUGIRARD 1870-1871

Nous croyons intéressant de reproduire ici un document devenu rare : le catalogue des élèves qui suivirent les cours du collège, soit à Vaugirard pendant le siège, soit aux Moulineaux et à Saint-Germain, pendant la Commune.

La lettre S placée à la suite d'un nom signifie que l'élève venait au collège pendant le siège de Paris; la lettre M signifie qu'il assistait, le 3 avril 1871, à la bataille des Moulineaux, et la lettre G qu'il vint rejoindre le collège à Saint-Germain.

PHILOSOPHIE

BIAUZON, Charles. . . . . M.G.
BOIVIN, Henri. . . . . G.
du BOULLAY, Raymond. . . . . M.G.
BUINEAU, Henri . . . . G.
COMPAGNON, Lucien. . . . . M.G.
DUPONT, Henri. . . . . M.G.
LARDIER, Sabin. . . . . G.
de LASSUCHETTE, Victor. . . . . M.G.
de MARION, René. G.
de MOUSTIER, Édouard. . . . . G.
de NÉDONCHEL, Sosthènes. . . . . M.G.
ROBIN, Emmanuel. M.G.
ROUSSEL, Louis. . . . . G.
SAILLARD, Olivier. G.
de SAINT-GENYS, Pierre. . . . . G.
de SAINT-GÉRAN, Fernand. . . . . G.
TURQUIN, Charles. G.

RHÉTORIQUE

AUBERT, Augustin.......................... G.
AUBER, Raoul............................. G.
BAPST, André............................. S.M.G.
BAPST, Germain........................... S.M.G.
BAZIN, René.............................. G.
BOCQUET, Ubald........................... G.
BOUGON, Paul............................. G.
du BOULLAY, Olivier...................... M.G.
BUTEL, Eugène............................ S.M.G.
CHUPIN, Paul............................. S.M.G.
CONTI, Léon.............................. G.
DESPREZ, Gaston.......................... S.M.G.
DOÉ, Edgard.............................. G.
de FRÉMOND, Olivier...................... M.G.
HOLLEAUX, Georges........................ G.
GRELET, Emmanuel......................... S.M.
LAROCHE, Louis........................... S.M.G.
MAISSIN, Léopold......................... S.M.
de MALÉZIEU, Christian................... S.
MASUREL, Albert.......................... G.
de MÉNILDURAND, Louis.................... M.G.
de MONTROND, André....................... G.
de NEUILLY, Édouard...................... M.G.
d' OLLENDON, Guillaume................... M.G.
de PARSEVAL, Joseph...................... G.
PEPIN-LEHALLEUR, Pierre.................. G.

DE PIBRAC, Raoul.	M.G.
COLLIN DE PLANCY, Victor.	G.
POMMIER, Léon.	S.M.G.
REITER, Adolphe.	M.G.
SALANSON, Maurice.	G.
SAY, Henri.	S.
DE LA SAYETTE, Raoul.	G.
DE SENILHES, Raymond.	G.
TRUCHON, Édouard.	S.M.G
TRUELLE, Edmond.	G.
TURGIS, Fernand.	G.

HUMANITÉS

ABEL, Léon	S.M.G.
ALBANEL, Émile	S.M.G.
ANFRIE, Albert	G.
BAPST, Edmond	S.M.G.
de BEAUMONT, Jean	G.
de BOULÉMONT, Théodose	G.
BRANCAS, Gabriel	S.M.
BRÉARD, Dieudonné	G.
de ÇAGARRIGA, Henri	G.
COTTIN Émile	S.M.G.
COUARD, Émile	S.M.
FABRE, Roger	M.G.
de FAURE, Armand	G.
de FEU DE LAMOTHE, Jacques	M.G.
GUILLOIS, Antoine	M.G.
GAUDET, Jules	S.M.
JAILLET, Joanny	S.M.
JUMELLE, Gaston	M.G.
LADOUCETTE, Edmond	S.M.G.
LANIEL, Henri	G.
MERLIN, Charles	G.
de MONTESQUIOU, Robert	G.
MOREAUX, Lucien	M.G.
de PERCEVAL, Lucien	S.
de PEYRONNET, Édouard	G.
de PEYRONNET, René	G.

RICHARD, Frédéric.................... S.M.
DE ROCCOLINO, Georges .... G.
DE LA ROCHETTE, Armand .... G.
DE LA SAYETTE, Louis.................. G.
TAVERNIER, Maurice................... G.
THÉRET, Joseph....................... G.
DE TILIÈRE, Joseph................... G.
TURGIS, Albert .... G.

TROISIÈME

Cours supérieur de grammaire.

BANCHEREAU, Pierre.................... G.
BAZIN, Arthur....................... G.
de BOULANCY, Henri................... G.
de LA BRETONNIÈRE, Armand.............. G.
de BROSSARD, Roger.................... G.
CHARLES, Jules...................... S.M.
COLAS, Désiré....................... S.M.
DELATTRE, Achille.................... M.G.
DESPREZ, Émile..................... S.M.G.
DESFORGES, Maurice................... G.
DISCRY, Jules...................... G.
DURNERIN, Gabriel.................... S.M.G.
GAMBETTE, Gaston.................... G.
GAUME, André....................... S.
GUILLAUMIN, Théophile................. M.G.
de JUMILHAC, Jean.................... G.
KREICHGAUER, Jules................... S.M.
LEMAIRE, Léon...................... S.M.G.
LEROY, Auguste..................... G.
LEVEILLÉ, Lucien.................... G.
MANIGANT, Jules.................... G.
de MARCÉ, Gabriel................... G.
de MAUD'HUY DE BAULIEU, Armand........... M.G
de MONTALEMBERT, Godefroy.............. G.

PEPIN-LEHALLEUR, René . . . . G.
PETIT, Louis . . . . S.M.
PHÉLAN, Joseph . . . . M.G.
PHÉLAN, Léon . . . . M.G.
REITER, Ernest . . . . G.
RICHAUD, Albert . . . . G.
ROBIN, Amédée . . . . M.G.
DE SAHUNE, Gaston . . . . G.
DE SAIN DE BOIS-LE-COMTE, Édouard . . . . M.G.

QUATRIÈME

Cours moyen de Grammaire.

DE BEAUMONT, Philippe	G.
BLUM, Eugène	S.M.
DE BOULÉMONT, Robert	G.
BOUTAREL, Maurice	G.
BRANCOURT, Arsène	M.G.
CHARRON, Victor	S.M.
CHAVAUDRET, Philibert	S.M.
DESMOULIN, Xavier	S.M.
DRUGEON Maximilien	S.M.
DURAND, René	G.
DURNEREIN, Edmond	G.
DE DUSMET, Justino	G.
EYQUEM, Gaston	G.
FOUQUIER, Frédéric	G.
GEOFFROY, Victor	G.
GIROUY, Paul	S.M.
GODEFROY, Léon	S.M
GUILLIER, Paul	M.G.
LAYRLE, Jules	G.
LESAGE, Georges	G.
MARTINET, André	G.
MESNARD, Maurice	G.
MONNOT, Édouard	S.M.
DE MONSEIGNAT, Charles	G.

MONTENOT, Gustave . . . . G.
NOEL, Paul . . . . S.M.
de PARSEVAL, Charles . . . . G.
PAULIN, Ernest . . . . S.M.
PELLETIER, Emmanuel . . . . G.
POIRET, Charles . . . . M.G.
POUSSIN, Étienne . . . . G.
RAYNAUD, Henri . . . . S.M.
THIBAULD, Eugène . . . . G.
VONIERS, Gustave . . . . S.M.

CINQUIÈME

Cours inférieur de Grammaire.

PREMIÈRE CLASSE

ABEL, Eugène.	S.M.
ABEL, Marie.	S.M.G.
ARSON, Achille	S.M.G.
BAPST, Julien.	S.M.G.
de BAUFFREMONT-COURTENAY, Pierre	G.
du BOULLAY, Raoul	G.
BRUN, Augustin.	M.G.
BRUN, Georges	M.G.
COULAUD, Ernest.	S.M.G.
COULVIER, Paul.	G.
DESFORGES, André.	G.
EYQUEM, Maurice	G.
FAGUER, Jean.	S.
GANDILLOT, André	M.G.
GANDILLOT, Maurice	M.G.
GAUTHIER-BLANCHARDIÈRE, Ernest.	M.G.
HÉDOUIN, Paul	M.G.
KREICHGAUER, Adolphe.	S.M.
LAAS d'AGUEN, Adrien.	S.M.
LAAS d'AGUEN, Paul	S.M.
LECHEVREL, Marcel	M.G.
LUCAS, Georges	M.G.

LYON, Jean-Marie . . . . S.M.
de MARCÉ, Henri . . . . G.
MARIN, Eugène . . . . G.
de NÉDONCHEL, Octave . . . . M.G.
PELLETIER, Gabriel . . . . G.
de LA PLANTE, Paul . . . . G.
POMMIER, Georges . . . . S.
ROBERT, Eugène. . . . . S.M.G.
LE ROY-LADURIE, Emmanuel. . . . . G.
SABOURDIN, Maurice . . . . S.M.G.
de SAINT-ALBIN, Henri . . . . S.M.G.
TEIGNY, Alexandre . . . . S.M.
TOURRET, Ary . . . . G.
VATIN, Henri . . . . G.

SIXIÈME

Cours inférieur de grammaire.

DEUXIÈME CLASSE

ALLORGE, Émile.	S.M.G.
BAUDRIER, Lucien.	G.
BAUDRY, Henri.	S.M.G.
BAZIN, William.	G.
de ÇAGARRIGA, Albert	G.
CLERC, Alexis	M.G.
DELARBRE, Célestin	S.
FINOT, Louis	G.
FIRMIN, Georges	G.
GÉRARD-WATEAU, Jules	G.
GÉRARD-WATEAU, Victor.	G.
GODEAU, Georges	S.M.
GUILLIER, Louis	M.G.
GUYNEMER, Paul	G.
JULLEMIER, Hippolyte	S.M.
LADROITE, Eugène	S.M.
LEGENDRE, Maxime	G.
HAIZET, Eugène	M.G.
d'HERLINCOURT, Léon.	M.G.
MAGNIER, Albert	G.
MONTENOT, Henry.	G.
MOREAUX, Fernand.	G.

MOULIN, Léon. . . . . G.
MOURLAQUE, Albert . . . . G.
de PARSEVAL, Henri . . . . G.
PELLETIER, Joseph . . . . G.
PRUD'HOMME, Georges. . . . . M.G.
RABET, Victor . . . . S.M.
ROBERT, Ernest . . . . G.
ROMAIN, Raoul. . . . . G.
ROUSSEL, Pierre. . . . . G.
SALANSON, Gabriel . . . . G.
SANONER, Henri . . . . S.M.G.
THIVET, Léon . . . . S.M.
TRÉBOUL, Gaston. . . . . G.
TRÉGOUET, Francis . . . . S.M.
TURGIS, Paul. . . . . G.
VAUTIER, Louis . . . . G.
de VERMONT, Julio . . . . S.M.

COURS ÉLÉMENTAIRE

ARTREUX, Auguste	S.M.
AUBER, Jacques	G.
BASSET, Émile	M.G.
BONHOMME, Paul	M.G.
CLAMER, Charles	G.
CLERC, Henri	M.G.
de LA COMBE, Jacques	G.
DESTABLE, Albert	G.
de DUSMET, Alfredo	G.
DUVAL, Émile	M.G.
GAUDET, Achille	S.M.
GIROT, Hilaire	S.M.G.
GIROT, Louis	S.M.G
le GLAY, André	G.
GRANGENT, Édouard	G.
GUILLET, Jules	G.
HEURTEY, René	G.
JEAN, Maurice	S.M.
de JUMILHAC, Odet	G.
de LEDIER, Robert	S.M.G.
LEMAIRE, Fernand	S.M.G.
RODDES, Henri	S.M.
ROMAIN, René	G.
RONCIN, Jean	S.M.
ROUSSEL, Pierre	G.
de SAHUNE, Paul	G.

LISTE DES SOUSCRIPTEURS

Le Conseil d'administration du collège de Vaugirard

MM.

CORNUDET, Michel, ✻, *Président du Conseil.*
de GRAMONT, Duc de LESPARRE.
LEQUEUX, Jacques.

Le Comité de l'Association amicale des anciens élèves.

MM.

AUFFRAY, Jules, *Président du Comité.*
SAINT-RAYMOND, Paul, *Vice-Président.*
LEGENDRE, Maxime, *Secrétaire.*

LAUDET, René, *Vice Secrétaire.*
HENROTTE, Hubert, *Trésorier.*
BOULLAY, Charles.
CHOPPIN, Robert.
LEFÉBURE, Édouard.
LOUCHET, Auguste.
DE SENNEVILLE, Gaston.

MM.

AMIGUES, Henri.
ANFRIE, Albert.
ARTUS, Émile.
BAPST, André.
BAPST, Germain.
BAUDON, René.
BAZIN, René.
BOCQUET, Ubald.
DE BOISGELIN, Bruno.
DE BOISGELIN, Hubert.
DE BOISGELIN, Louis.
DE BOUCHERVILLE, Henri.
BOURNISIEN, l'abbé Joseph.
BRANCOURT, Arsène.
DE BRYAS, Jean.
CARBONNIER, Hervé
CASENAVE, Maurice.

MM.

CASENAVE, Henry.
CHANTREL, Paul.
CHURCHILL, Sydney.
COMOLET, Henri.
COMPAGNON, Lucien.
COQUART, Arthur.
C. E.
DAUGER, vicomte Xavier.
DEFRANCE, Albert.
DELARUE, Pierre.
DELATTRE, Achille.
DESFORGES, Léon.
DIDIERJEAN, Lionel.
DU DOUET, Gérard.
DU DOUET, Robert.
DROUIN, Marcel.
FONTAINE, Georges.
DE FORCEVILLE, Eugène.

MM.

DE FRÉMOND, OLIVIER.
GAILLARD, EUGÈNE.
DE GAULLE, HENRY.
GAVOTY, ALBAN.
GAVOTY, GEORGES.
GÉRARDIN, MAURICE.
GOFFARD, LUCIEN.
DE GRAMONT,
   COMTE ALFRED.
GRIMBERT, CHARLES.
GUILLIER, LOUIS.
GUILLIER, PAUL.
HAIZET, EUGÈNE.
HENROTTE, FRANÇOIS.
HESSE, EDMOND.
HEURTEY, RENÉ.
JULLEMIER, HIPPOLTYE.
DE LAINSECQ, PIERRE.
LACROIX DE SENILHES,
   RAYMOND.
LAMBA DORIA,
   MARQUIS FRANCO.
LAMBRECHT, LOUIS.
LANIEL, HENRI.
LAROCHE LUCAS,
   EDMOND.

MM.

DE LA SAYETTE,
   COMTE RAOUL.
DE LA SAYETTE,
   LOUIS.
DE LASSUCHETTE,
   VICTOR.
LAUDET, FERNAND.
LECHEVREL,
   L'ABBÉ MARCEL.
LEMAIRE, FERNAND.
LEMERCIER, GABRIEL.
LEMERCIER, MARCEL.
LESAGE, GEORGES.
DE LÉTOURVILLE,
   COMTE HENRI.
LÉVEILLÉ, LUCIEN.
DE MADRE, COMTE LOUIS.
DE MALÉZIEU, CHRISTIAN.
MARBEAU,
   L'ABBÉ EMMANUEL.
DE MARCÉ, GABRIEL.
MARIN, EUGÈNE.
MASUREL, ALBERT.
MASUREL, ÉMILE.
MATIVET, ALFRED.
MEIGNEN, GEORGES.

MM.

MIGNON, Alexis.
des MONSTIERS MÉRINVILLE, René.
de MONTARBY, Gabriel.
MONTENOT, Henry.
de NÉDONCHEL, Marquis Sosthène.
ODELIN, l'abbé Henri.
de PARSEVAL, Charles.
de PIBRAC, Raoul.
POIRET, Charles.
POIRET, Henri.
POMMIER, Léon.
POUSSIN, Étienne.
PRADEAU, Émile.
PRADEAU, Ferdinand.
PUPAT, Paul.
de QUINSONAS, comte Fernand.

MM.

de RASCAS, Roger.
RIANT, comte Paul.
de SAIN, comte Édouard.
SÉVÈNE, Raymond.
SALANSON, Maurice.
SANLAVILLE, Ferdinand.
de TALHOUET, comte René.
de TALHOUET, Georges.
THIBAULT, Eugène.
TRUELLE, Edmond.
TURGIS, Albert.
TURGIS, Fernand.
TURGIS, Paul.
de VERNOU, Maximilien.
de VERNOU, Gaston.
WILLEMIN, Eugène.

INDEX

Allemands, leur conduite envers les blessés, p. 41, 75, 76, 77.
Ambulance des blessés, p. 29, 30.
— des malades, p. 37.
— volante, p. 39.
— nombre de lits, p. 32, 37.
— règlement, p. 38.
— personnel, p. 32, 33, 35, 36, 38.
— rôle des Pères, p. 34.
— difficultés pour nourrir les blessés, p. 43.
Anxiétés pendant le siège, p. 7, 8, 46, 47.
— pendant la commune, p. 103, 104.
Argent, manque au collège, p. 61, 150.
Attaque du collège, p. 11, 12, 13.

※

Beurre, son prix, p. 60.
— nous en vendons, p. 61, 62.
Beurre, ce qui le remplace, p. 62
Bibliothèque, p. 19, 170.
Blocus, p. 21, 22.
Bois de Boulogne, son aspect, p. 57, 58.
Bombardement, p. 84, 85, 86, 87.
— ses ravages au collège, p. 89.
Bonnot, Frère, p. 139.
Bourgeois, gardien des Moulineaux, p. 68, 142.
Bourthéré, interne aide-major, p. 37, 87, 88.
Boussarie, l'abbé, p. 138.
— maison, p. 138, 139, 150.
Broquet, Père, p. 6, 53, 66, 67, 144.
Bucquoy, docteur, p. 33, 37.

※

Cabinet de physique, p. 147, 179.
Capitulation, I, Ch. X.
Carron, Père, p. 98.
Chabin, Père, p. 6, 53, 140.
Chalet, Père, 57, 71; 99, 151.

Chapelle, p. 1, 79, 80, 81.
— Sa profanation, p. 162, 163.
Charbon, sa rareté, p. 63.
— comment nous le remplaçons, p. 64, 92.
Cheval, Viande de, p. 3, 58, 60, 62.
Chevaux, Nos, on nous les laisse, p. 40.
— Nous en tuons trois pour nourrir les blessés, p. 43.
Chèvres, du Père Chalet, p. 57.
Classes, rentrée des, oct. 1870, p. 53.
— Organisation, p. 50, 53, 54.
— Nombre des élèves, p. 53.
— Licenciement, p. 85.
— Rentrée des, mars, 1871, p. 97.
— Nombre des élèves, p. 98.
Clerc, Père Alexis, p. 6, 29, 33, 34, 37, 50, 41, 50, 51, 52, 78, 80, 88, 158.
Colles, p. II, 37.
Congé du 7 juin, p. 159, 160, 161.
Comoglio, Père, p. 98, 117.
Coquart, Arthur, p. 153.
Cour, de 1re division, p. 82, 87.
— de 2º division, p. 54, 85.

Dégats pendant le siège, p. 90.
— pendant la commune, p. 162, 163.
Demi-pensionnat, p. 19, 39.

Dessin, p. II, 32, 87.
Dispersion des Pères du collège, p. 5.
Elèves, leur nombre, p. 53, 98.
— Catalogue des, v. Appendice.
— leur travail, p. 54, 99, 122, 153.
— danger qu'ils coururent le 4 avril 1871, p. 134, 135.
Espions, p. 28, 49.

Foulongne, Père, p. 98, 112, 131, 141.
Francs-tireurs, p. 68, 69, 70, 72, 117, 162.

Gabriac, Père de, p. 6, 50, 52, 53, 119, 140, 153.
Gardes nationaux, p. 6, 10, 11, 12, 23, 28, 72.
Gaz manque à Paris, p. 58.
Geoffroy, Frère, p. 6.
Geslin, Père, p. 99.
Grande salle, p. II. 32.
Gravoueille, R.-P. Recteur du collège. Ce nom revient si souvent dans l'ouvrage que nous jugeons inutile d'indiquer les pages.
Grêlier, délégué au commerce, p. 163, 166, 167, 168, 169, 170.

INDEX

❋

Haxo, rue, 153, 158.
Hériveau, Père Préfet des études, p. 6, 11, 35, 53, 77, 78, 105, 112, 131, 139, 141, 145, 148, 156.
Hiver, de 1870, sa rigueur, p. 62, 63, 64, 79, 92.

❋

Incendie du collège, 1870, p. II.
Infirmerie de Vaugirard, P. II.
— de Saint-Germain, p. 138.

❋

Joachim, Frère, p. 132.
Joly de, architecte, p. I. 90.
Joly, bâtiment, p. I, 19, 161.

❋

Kératry, Comte de, p. 13, 14.

❋

Lapôtre, Père, p. 13, 14.
Lareinty, baron de, p. 16.
Lazerme, lieutenant, 8, 16, 17.
Le Floch, Père, p. 99.
Legouis, Père, p. 6, 37, 53, 77.
Loges, les, p. 150, 151.

❋

Maisonneuve, Docteur, p. 33, 37.
Mangeon, Père, p. 99, 152.
Marin, Père, p. 66, 112, 119, 120, 121.

Martin, Père, p. 6, 53, 144, 148.
Mère de Dieu, religieuses de la, p. 151.
Messe, militaire, p. 32.
— de l'Immaculée-conception, p. 79.
— de minuit, p. 80, 81, 82.
— des morts, p. 56.
Mobiles, bretons, p. 16, 17.
— canonniers de la Drôme, p. 17.
Montaignac de Chauvence, Vice-amiral commandant le 7e Secteur, p. 7, 9, 81, 82.
Montalets, p. 66, 112, 122, 123, 142.
Montazeau, Père, p. 26.
Moulineaux, pendant le siège, ch. II.
— Collège des, II, ch. II.
— escarmouche du 2 Avril, p. 114.
— bataille du 3 avril, II.ch. III.
— déménagement des, p. 129. 130, 144.
Mouly, Frère, p. 25, 40, 132.
Mort héroïque d'un marin, p. 88.

❋

Nadaillac, Père de, p. 99, 119, 152.

❋

Odelin, Paul, p. 107.

OLIVAINT, Père, p. 153.
OSWALD, Frère, p. 6. 40, 141, 142.

※

PAIN, sa qualité, p. 60, 92.
PARIS, incendie de, p. 156.
— physionomie pendant le siège, p. 58, 59.
— après la commune, p. 160.
PATROUILLES des Pères autour du collège, p. 104, 106.
PÈRES, liste des, p. 6, 98.
PETITE GRANDE SALLE, p. 2, 82. 89.
PLAS, Père de, p. 6, 37, 63, 80.
POILOUP, l'abbé, p. 1, 66.
PONLEVOY, R. P. de, p. 114.
POUDRIÈRE d'Issy, craintes d'explosion, p. 91.
POSTES rue des, p. 141, 146.
PRÉCAUTIONS contre l'incendie et le bombardement, p. 19.
PROFESSEURS, listes des, oct. 1870 p. 53.
— listes des, mars 1871, p. 98, 99.

※

RAGACHE, club, p. 8, 11.
RAGOT, Père, p. 99. 140.
RATHOUIS, Père, p. 29.
RATION, de viande, p. 60.
— de pain, p. 92.
RÈGLEMENT, de l'ambulance, p. 38.

RÈGLEMENT du collège, pendant le siège, p. 54.
RENTRÉE du 13 octobre 1870, I, Ch. V.
— du 14 mars 1871, II, Ch. I.
RETRAITE annuelle, 1870, p. 4, 5.
RÉVEILLON de Noël, p. 82.
ROUSSEAU, Père, p. 99, 139.

※

SAINT-GERMAIN, Le collège à, II, ch. V, VI, VI, VII.
SAINT-JOSEPH, Maison, p. IV, 9, 16, 19.
— Monument votif à, p. 90..
SAINT-JOSEPH DE CLUNY, Sœurs de, p. III.
SAINT-LOUIS, Maison, p. IV, 9, 19, 23, 28, 71, 72.
SAINT-STANISLAS, Maison, p. IV, 17, 19, 38,
SCHARFF, Frère, p. III, 33, 44, 152.
SALMON, Père, p. 99, 144. 148.
SÉANCE académique, p. 153.
SOUTERRAINS, de Vaugirard, p. 6,7.
— des Moulineaux, p. 119, 122.
SURVEILLANTS, Octobre 1870, p. 53.
— Mars 1871, p. 99.

※

TERRASSE de Vaugirard, p. II, 19.
TRESCA, directeur des Arts-et-Métiers, p. 170.

Turquand, Père, 8, 5,

※

Ursulines, rue des, n° 8, II, ch. V.
Ursulines, rue des, n° 14, p. 151.

※

Vacances, leur tristesse, en 1870, p. 4.

Vendôme, place, p. 103.
— Manifestation de la place, p. 105, 106, 107.
Vengeurs de Flourens, p. 157.
Visite, du collège, par les délégués des clubs, p. 9, 10.
— du R. P. Provincial aux Moulineaux, p. 113, 114.
Vitel, Père, p. 99, 134.
Vivres, prix des, p. 60.

www.ingramcontent.com/pod-product-compliance
Lightning Source LLC
Chambersburg PA
CBHW071943160426
43198CB00011B/1516